*Beyond Democracy*

# 超越民主

孙 津 著

华东师范大学出版社

华东师范大学出版社六点分社 策划

本研究得到北京师范大学中国化马克思主义理论研究与教育宣传协同创新中心资助项目

# 目 录

**导论** …………………………………………… ( 1 )

## 第一部分 民主自身的弊端

### 第一章 民主的往世今生 ………………………… ( 3 )
  1. 道义自欺的民主制度 …………………… ( 4 )
  2. "另类"的社会主义民主 ………………… ( 17 )
  3. 要不得的标准 …………………………… ( 32 )
  4. 小结 ……………………………………… ( 43 )

### 第二章 民主政治的悖论 ………………………… ( 46 )
  1. 政治内容的生成过程 …………………… ( 48 )
  2. 争取多数与民主悖论 …………………… ( 62 )
  3. 小结 ……………………………………… ( 71 )

## 第二部分 民主与其载体的矛盾

### 第三章 政党及政权 ……………………………… ( 75 )
  1. 政党及其分类 …………………………… ( 76 )

2. 主要的政党类型 ………………………………（ 81 ）
　　3. 代议制和代表制 …………………………………（ 88 ）
　　4. 小结 ………………………………………………（101）
　第四章　法制及人权 …………………………………（104）
　　1. 权利与义务 ………………………………………（105）
　　2. 法制的量化 ………………………………………（120）
　　3. 法律与道义 ………………………………………（126）
　　4. 小结 ………………………………………………（133）
　第五章　现代化竞争 …………………………………（136）
　　1. 不同的反封建 ……………………………………（138）
　　2. 追赶的运动 ………………………………………（144）
　　3. 混乱的现代化 ……………………………………（150）
　　4. 新的不平等及阶级问题 …………………………（157）
　　5. 小结 ………………………………………………（166）

## 第三部分　民主带来的全面异化
　第六章　物质方面的被发财化和被工具化…………（171）
　　1. 发展与创新 ………………………………………（171）
　　2. 科技迷信与绿色专制 ……………………………（181）
　　3. 战争与反恐 ………………………………………（191）
　　4. 小结 ………………………………………………（203）
　第七章　精神方面的无区别化和被对象化…………（206）
　　1. 广告式生活 ………………………………………（206）
　　2. 言语堕落 …………………………………………（215）
　　3. 小结 ………………………………………………（225）

## 结论　一种改变的可能

- 第八章　超越民主 ………………………………（229）
  - 1. 新的困难 …………………………………（231）
  - 2. 权利和义务的互为包涵 …………………（234）
  - 3. 时空范围和内容针对 ……………………（238）
  - 4. 总结 ………………………………………（246）

# 导　论

本书关于民主的看法、观点或结论与现行的理解都不同,甚至截然相反,然而正因为如此,不仅需要一个导论,而且也欢迎读者耐心读完全书后提出批评。

凡事都有一个由成长、兴盛到衰落的过程。这种"衰落"可能是某种转化而不一定是彻底灭亡或消失的无影无踪,也可能是走向了自己的反面,变的反动了或异化了。民主就是这样,它在今天已经走向了自己的反面,成为反动,而且带来或促成了人类及其文明的全面异化。

关于什么是民主,本书无意挑战既有的概念定义,而是依据现实情况,指出民主的正面作用已经发挥殆尽,正在走向反面。这个"现实"包括两个方面,一方面是指民主正在做与其宣称和预期不相符的事情,而且只能如此;另一方面则是指民主的生成历史,即它原本就是为了保护私有制的,所以必然走向反面。

民主在争取自身合法化和制度化的时候,它所具有的破除专制和发展生产力等功能,尤其是这些功能的对象性作用和特征,使得民主本身的弊端有意无意地、也很容易地被隐藏起来了。当民主已经合法化和制度化以后,尤其是地球上半数以上的国家(发达国家和大国都在里面)都实行民主制度(不同民主制度的区别在此无关紧要)的时候,民主就逐步走向了它的反面,成为反动。这个转折开始于 20 世纪 60—70 年代,并加速度地逼近溃亡。

现代民主(不管作为政治制度还是价值观)原本是为了赚钱的实用工具;而民主所具有的伪善性和强迫症已经(准确地说从 20 世纪 80 年代开始)使它本身成为当今文明的万恶之源。所谓伪善,是指现代民主从一开始就自欺自人地掩饰其保护私有制的真实功能和特性,反而说它多么符合人性、多么自由平等;所谓强迫症,是指今天几乎所有人(包括国家、政府、团体、社会等)不管做什么事都标举民主,反而不考虑这样做的好处何在、或者是否值得。由此,本书的观点可概括如下:民主可能曾经对人类文明起过建设性作用,但现在,它即使不起坏的作用也已经不再能有好的作用了,至少已经成为一个到处惹麻烦的赘物,因为各种对民主的宣称以及自认为是民主的行为并没有、也不可能有相对一致的看法和标准,而且从来也不能实现预期的目标。为了扔掉这个赘物,更为了阻止打着民主的招牌干坏事,需要破除对于民主的迷信,探求一条超越民主、开拓新的政治及文明形态的道路及相应办法。

其实,本书所讲的主要观点并不新鲜,至少,一百年前霍布豪斯在分析和阐述关于自由主义的历史和理论时,就已经从不同的角度、以及在不同的程度上涉及到这些问题。[①] 但是,从现在的情况(学术界、官员、以及一般民众)来看,不仅都认为民主集中体现了当今文明的制度设计和文化的价值导向,而且即使碰到问题,甚至明知民主的无能,也都没有合乎逻辑地(即实事

---

[①] 参见〔英〕伦纳德·特里劳尼·霍布豪斯:《自由主义》,朱曾汶译,商务印书馆 2009 年版。

求是地)得出批判民主本身的结论。相反,大家几乎都在想方设法回避这些问题,为相应的矛盾开脱,或者干脆含糊其辞、不了了之。针对这种情况,本书将着重指出民主三个主要的先天性缺陷,即道义的虚伪、价值的败坏,以及效能的减损。正是这些缺陷,使得民主的弊端越来越多、越来越突出,以至于现在已沦为一块千疮百孔、藏污纳垢的遮羞布。

作为阅读的提示,我觉得把全书内容的结论做简要的概括是必要的和合适的。

第一部分,从民主自身的特性来讲,它的本质性功能在于维护私有制;作为一个历史范畴,现今至少存在两种不同的民主,即西方资本主义民主和中国特色社会主义民主;但是,各个时期的和各种各样的民主都与争取多数的政治特性相矛盾;因此,不仅民主表面上所主张的公意、平等和自由不可能实现,而且民主本身就是一个政治悖论。

第二部分,民主有三个基本的载体,即政党、法制、以及现代化;但是,不仅这三个载体的成立和运作都与民主没有必然的关联,而且都与民主矛盾多多;因此,民主即使不是一件坏东西,至少也是不利于成就好事的赘物。

第三部分,从最能体现政治悖论和文明困境的角度,指出民主对人类及其文明带来或促成的全面异化;从特征上讲,这种异化可大致分为物质方面的被工具化和被发财化,以及精神方面的无区别化和被对象化。

第四部分,得出人类为了自救必须超越民主的结论;指出这种超越必然要面对的新困难,以及相应问题的时空范围和内容针对。

# 第一部分　民主自身的弊端

这一部分主要从两个方面对民主本身的特性和功能进行检讨和批判,一个是关于民主的理论和民主的现状,另一个是民主作为政治范畴存在的致命弊端。在第一个方面,主要指出民主的伪善、无用和多余;在第二个方面,主要分析民主作为政治范畴的内在矛盾。面对过时了的民主,追随西方,主张完善民主,这本身就是一个违背事实的谬误,而谋求创制却又纠结于西方或既有的民主理论更是得不偿失。

# 第一章　民主的往世今生

这一章的"往世"是指民主怎样来到这个世上的,而"今生"就是指民主现在的状况。不过,"往世"在此又含有一去不返的意思,用来表示民主的害处使得民主本身既不应该、也不可能有什么继续存在的理由。首先,无论作为价值观还是政治制度,民主都是西方的东西,尤其是西方资产阶级用来维护自己利益的理论根据和修辞掩饰。按照这种民主,反对私有制(甚至私有观念)以及破除经济剥削都是不允许的和非法的。其次,社会主义由于夺权的需要,不得不标举民主。麻烦在于,尽管社会主义的民主与西方资产阶级的民主有着本质的区别,但是至今仍很难说社会主义已经弄清楚自己的民主到底是个什么样子。第三,由于现在关于民主的主流理解及其要求仍是以西方民主为标准的,所以对于事实上各种不同的民主不仅缺乏解释性,而且造成很多矛盾。

如果上述三个问题是真实的,那么就不难理解,所谓"害处"主要是针对西方资产阶级民主而言的,但这并不等于说社会主义民主就是好的或"无害"的,恰恰相反,由于社会主义民主不得不使用西方的民主话语,所以也就使民主本身变得更加虚伪。换句话说,如果不能认清社会主义民主面临的问题、困难、甚至悖论,那么这种民主在普遍性上就更加有害。

对这三个问题的说明将指出一个事实,即民主已经变成坏东西了,尤其是已经对人类文明造成或构成极大伤害了。其实,许多比我更了解民主、或者在这方面比我更有研究、学问更大的人很容易就知道这个事实,但是出于种种原因——比如政治偏见、学术特权、甚至顽固成见——他们不愿意承认这个事实,当然也反对别人这么说。

## 1. 道义自欺的民主制度

我们今天已经形成了一些普遍并且高度认同的价值观,比如人权、自由、正义、公正、平等、民主、法治等,而其中有一些本身就是政治制度,也就是可以操作的政治活动,比如民主以及法治。很显然,如果仅仅在价值观的层面来讨论民主问题,不仅可能会陷入仁智之见,而且由于观念的东西不是实际的行为,所以对这方面的讨论也很难看出民主的好坏来。因此,本书所说的民主主要就是指一种(当然事实上是多种)政治制度。

严格说来,这里的"政治"制度包括两层含义。一个是普遍性的,也就是指民主制度本身的政治特性。另一个是特殊性的,也就是指其他领域的制度以各自的属性或功能所体现出的民主政治特性,按照我们现在的习惯分类,这些领域主要包括政治、经济、社会、文化、以及生态等。这一节所谓民主的真实含义,主要是从普遍性的政治制度角度来讨论的。

民主的真实含义包括它的历史和现状。其实,这些内容原本用不着我来说,因为不仅各种教科书和百科全书都有清楚的说明,学者们在各种场合、为了各种需要也常常提出自己关于民主含义的看法,所以我既不打算、也没有必要一一阐述各种民主思想和民主制度的历史。但是,无论是那些清楚明白的教科书定义,还是对民主含义的不同理解,几乎都是从赞同的角度来讲民主的,至少不会把民主本身看成一种坏东西。因此,之所以有必要说明民主的真实含义的原因,恰恰在于现有的定义和观点正是我指出民主的坏处的理论根据。换句话说,我并不打算对民主的含义增加什么新的理解,而是根据历史和现实状况,指出现行的民主定义以及各种观点本应该看到和指出的真实情况,也就是民主的坏处。

民主是与资本主义私有制相适应并用来保护这种私有制的政治制度。作为定义,这个说法显然过于简约,而且似乎有着强烈的意识形态倾向,但之所以这样定义民主主要在于两个相互关联的原因,一是要把制度和价值观区别开来,另一是把古代和现代区分开来。从价值观来讲,现在关于民主的各种看法都与人权、自由、正义等理念纠缠在一起;从政治制度来讲,又总是要在合理性上将现代(其实就是西方)民主与古代城邦的民主做比较,而且还需要论辩今天社会主义的政治制度是否民主。因此,做前述那个简约定义的目的主要在于指出和说明问题讨论的针对,即真实的民主制度几乎就是资本主义制度的代名词,与那些价值理念、古代城邦、以及社会主义都没有关系。

打开世界地图就会发现,欧洲、尤其是它的西、北、南部分,国家众多而幅员狭小。为什么会这样呢?可以有各种解释,但历史上一个极为明显的事实肯定是最重要的原因,就是人的好斗。不仅从古代打到今天,也不仅弄出了两次世界大战,而且特别喜欢各自独立。德国可以算一个典型,直到18世纪末还四分五裂地由三百多个小公国或封建领地组成。然而,对于这种各自为政的混乱,从国王到公侯贵族、封建领主、教会僧侣、甚至资产阶级都乐在其中,以至于恩格斯评论道,"德国只不过是一个粪堆"。① 继法国大革命之后,拿破仑横扫了德意志(或者普鲁士)这个"粪堆"或"马厩",并最终以并小邦为大邦的办法,在1815年促成了德意志联邦的成立。但是,由36个邦组成的联邦议会"从来没有代表过德国的统一",因为这些邦仍保持着各自的封建制度。② 不仅是德国,直到20世纪末,许多国家仍然在不断细分中,捷克斯洛伐克一分为二,而南斯拉夫、阿尔巴尼亚等这些本来就狭小的国家更是弄得四分五裂。然而,从很大程度上讲,正是这种打斗和各自独立的习性,使得欧洲大约在中世纪末期、也就是11—13世纪的时候产生出了民主制度。

首先是各路诸侯、王公贵族、以及封建领主之间打来打去。这种情况当然不难理解,因为正如马基雅维利早就指出的,那里本来就不是由一个君主(比如像土耳其那样)来统治的,所以各诸侯国、甚至贵族领地都想增强自己的实力,扩大自己的势力范围。③ 然而糟糕的是,他们之所以会采取这种武力争斗(以及用不讲信义的政治联姻做辅助)的方式来扩大势力范围,在于欧洲的封建阶级缺乏发展生产的自觉性,甚至连利润动机也没有。对于这一点,我曾在区别欧洲封建制度和中国封建制度的不同特性时有过较为详细的论述。④ 在加洛林王朝(752—887年),欧洲的封建社会得到了一种契约关系的制度化,其主要的关系

---

① 《马克思恩格斯全集》,第2卷,第633页。
② 《马克思恩格斯全集》,第8卷,第13页。
③ 参见〔意〕尼科洛·马基雅维利:《君主论》,潘汉典译,商务印书馆2005年版,第19—20页。
④ 孙津:《中国现代化对西方的影响》,河北人民出版社1999年版,第二章的"三、欧洲的封建社会"。

主体就是领主和奴隶、农奴以及其他被称为"贱农"的农民。但是,这里不仅没有中国封建社会那种可以土地买卖的私有制,而且各种税收也不是由国家或地方政府统一制定的。除了通过政治分封给诸侯、贵族授予土地,日耳曼人还建立了封建土地私有制中的人身依附关系。在这种关系中,奴隶是领主的一种动产,可以买卖转让,农奴虽然在法律上不依附领主,具有不得买卖的人身自由,但却可以随着土地的转让一块儿转让给新的领主。

由于上述政治制度和经济关系,简单地说,欧洲的封建领主(甚至国王)既不像是一个为了获得更多收成的地主,也不像一个追逐更多利润的资本家,而是更像一个部落社会组织中的酋长。因此,提高生产力、追求商业利润、改变经济和社会组织等等我们今天叫做"发展"、甚至一般的"增长"的观念在欧洲的领主那里不仅从未有过,而且还是与他们所拥有的社会(政治和经济)契约关系相抵触的。那么,即使不谈增强实力和扩大势力范围,仅仅是为了避免被其他领主吞并,唯一的办法就是武力相争。进一步说,不仅仅是领主,包括诸侯、贵族、教会、以及国王也都是欧洲封建社会同一土地所有制中的各利益主体或实体,所以战争就变得极为复杂化了。

这种复杂主要显现为三个方面。一方面是领主、诸侯、贵族、甚至教会之间的战争;另一方面是国王(或者叫国家)与领主、诸侯、贵族、教会中的某一或某几方、甚至全部的战争;还有一方面就是国王既作为战争的仲裁者,又作为争斗各方的拉拢对象。

毫无疑问,大范围并且持续不断的战争使欧洲农民苦不堪言,然而最倒霉的肯定是这样一种人。首先,他们想发财,至少是多赚钱;第二,他们有条件这样做,包括拥有人身自由和一定的财富;第三,他们发财赚钱的做法直接被各种战争、哪怕只是暴力威胁和势力割据所阻碍,比如生命危险、道路受阻、关卡林立、随意收费等。这种人就是商人,而民主恰恰就是由于商人的存在、以及他们所处的倒霉境况中的一个机遇而产生的。

这个机遇就是有人向商人借钱。由于要打仗,所以需要钱,连年的战争更使得钱的后继来源成为困难,而其中最缺钱、也最需要并且最有理由开口借钱的人,就是国王,因为从理论上讲,他不仅是最高统治者,而且代表国家。由于四分五裂、各自为政,更由于国家税收的没有保障、甚至各地故意不上缴,所以最缺钱的应该是国王,而且从逻辑上讲,由国王发动、或者有国王参与的战争规模更大,开销也就更多,也就越发缺钱。但是,向谁借钱呢? 一方面,既然是打仗,就不可能向对方借钱;另一方面,被借的人还必须有钱才行。正好,商人符合这两个条件,一来他不打仗,也就是不作为战争的一方,二来他有钱,这并不是说商人真的非常富有,而是相对说来,经商的特性决定了商人总是当时社会中最有活钱(也就是可以流通的货币或金银)的群体。

不难想象,商人借出去的钱是否能够收回是全无保障的,这不仅仅因为商人手无寸铁无力保障自己,更因为他根本不知道借钱的一方能否在战争中打赢。于是,精明的商人干脆不做借钱人愿意(或者能够)还钱的打算,转而要求现实的和能够立即兑现的东西。这个东西就是权利。比如,减免一些税收、少交一些关卡的买路费、准许成立行业协会、在价格制定方面给予一定程度和范围的自主性,等等。换句话说,商人用钱购买了这些权利。当然,一分价钱一等货,所以随着付出去的钱越来越多,商人对权利的要求也越来越多、越来越大,直到自治权。先是价格自治,接着是财务和经济管理的自治,直至有组织的政治自治,也就是公民以自治的方式形成。事实上,这就是后面(第四章)要讨论的"一分权利一分义务"交易原则及标准的肇始。

至少从逻辑上讲,这些权利的合法性和最大适用域都来自国王,也就是说,商人把钱借给国王换取的权利最合法、也最管用。因此,在商人不断地从国王那里买到各种权利、尤其是自治权的过程中,新的城市、以及与此伴随的市民和市民社会就诞生了。不管国王是否拥有事实上的行政统一及相应实权,至少由国王给予的自治权在法律上是最高位的,或者说是超出王公、诸侯、贵族、领主等各独立单位的管辖权的。因此,新的城市不管行政上如何归属,实际上都是独立自治的。与此同时,不仅这种自治有了相应的行政机构、政治制度、法律体系、以及社会组织等实体,而且生成了具有特权的新人,叫做市民。市民并不是住在城市里的人,而是有特权的人,这个特权的最核心内容就是选举权。这种选举就是民主政治,所以说民主是西方发明的。后来,由于各种特权门槛的大大降低、以及市民占总人口的比例大大增加,市民就叫做公民了。

其实,所有上述这些历史情况都是很清楚的,并非我的发现,而且一些权威的经典著作对此也已经做了全面而又准确的精彩论述,比如汤普森和皮雷纳(又译皮朗)。① 但是,学术界对于上述历史一般也就是当故事叙说,几乎所有的西方著述(我怀疑很可能是故意的)都没有把其中的真实含义当回事。这个含义就在于,所有真实的权利都是用钱买来的。换句话说,民主

---

① 〔美〕汤普逊:《中世纪经济社会史》,耿淡如译,商务印书馆1984年版,下卷;〔比〕亨利·皮朗:《中世纪欧洲经济社会史》,乐文译,上海人民出版社1964年版;皮雷纳:《中世纪的城市》,陈国良译,商务印书馆1985年版。

制度(严格说也包括民主的价值观)从一开始就是用钱买来的,或者说是由等价货币换算(或衡量)的权力和利益交换的结果。不难理解,只有以资本主义利润为动机才想得出来做这种交换,而这种事情也只有为了保护私有制才做的成功,所以民主不仅是用来保护资本主义私有制的,而且相应的价值观也正是对这种保护的辩护和论证。由此,现代民主就作为使商人能够多赚钱、以及保护资本主义私有制的理性根据和实用工具而产生了。

由于这种交换,民主政治的合理性就很清楚了,所要保护的东西也很清楚了,而这两者其实是一个东西,叫做市场经济。所谓合理性,就是商人所要求的公平交易,而做到这一点的根据就是保护商人的生产资料私有制以及商品价格的自主性。公平交易不难理解,就是一分价钱一分货,但其中的关系却是各种权利和权力得以交易的量化标准,即金钱。连各种权利、尤其是自治权及其共同体(即城市)的身份(即市民、也就是后来所谓的公民)都可以用钱买到,难道交易不应该只遵从金钱这个唯一标准吗?真的,不管怎么说,自从有了货币以来,金钱不仅是各种交易中唯一公平的度量标准,而且这种标准对任何人来讲都是一样的(胁迫和欺诈不算)。因此,"市场"就成了公平交易的标志,按这种公平交易来运作或实施的经济活动就叫做市场经济。

如此说来,市场经济无非就是一种权利的交易和让渡,只不过这种权利的本身是平等的,而且也是以平等的方式获得的。无论从欧洲中世纪的历史、还是从事情自身的逻辑来讲,这里的"平等"就是金钱交易。至于谁拥有金钱、有多少金钱、甚至这些金钱从哪里来的以及怎么得来的等问题,和交易本身以及交易的平等性毫无关系。真是妙不可言啊!下面的论述将表明,正是这种情况可以将平等本身抽象出来,作为一种普世价值附丽粘贴到"民主"的特性上面。

不过,在认识这个奥妙之前还有必要再补充一点说明,就是民主政治所保护的经济形态为什么选中了"市场"这个词。这个补充极为重要,因为它也是现代民主从上述欧洲中世纪诞生过程中的一个重要、甚至关键的因素,而今天却被若无其事地遗忘掉了,好像这个表示空间概念的词就等于公平、价格导向、甚至经济规律一样。按照中国的说法,买卖货物或商品的地方就叫做市场,但这只是一个空间概念,表示各种交易进行的地方。市场经济的"市场"开始也是如此,但后来形成的含义则与中国表示集市之类空间状况的"市场"完全不同。相应地,欧洲中世纪后期形成的"市民"和"新"城市也都是中国从来没有过的,包括历史和今天。

做买卖总要有个地方,而且那个地方还需要相对固定和安全。在中世纪的欧洲,由于距离的自然条件或要求,这个交易的地方大多位于一定范围内的交通枢纽或要道,而具体的集市或"市场"一般就是教堂门前的广场。这种选择的原因很好理解。首先,这里本来就是人比较多的交流中心;其次,这里有相对开阔、可以容纳做买卖的空间;第三,这里应该是免费的公共场所;第四,提供或具备了一个比较重要和实际的条件,就是在遇到兵灾匪患的时候可以方便地到教堂里避难。久而久之,这些固定集市就会比其他地方繁荣起来,或者说也更适宜作为城市的中心。事实也是如此,当实施各种自治的时候,新城市往往就是在这种集市的基础上建立的,或者,这些地方就成了新城市的市政中心。我猜(当然我认为实际情况就是如此,只不过民主的始作俑者和后继的拥护者装作不知道罢了),就是由于这种历史渊源,民主才把它所要保护的经济形态叫做"市场经济"。至于作为这种经济运作规律的所谓"看不见的手",不仅是在这种以新城市为活动空间和运作机制的经济形态出现之后几百年才提出来的,而且这套理论本身也是缺乏前提的,那"看不见的手"不过是对这种经济形态的某一方面特点的技术性或文学性表述而已。

但是,尽管事情很清楚,而且也不管是否故意而为,实际上从现代民主思想和理论的提出(或诞生)开始,主要的经典作家们就掩盖了上述新政治制度(也就是民主)的金钱交易或交换性质,却转而提出了各种美丽的民主神话。对此,只要看一下洛克和卢梭就行了:前者把实际功能当作目的,也就是不讲目的,只说安置什么样的机制才能达致功能;后者干脆伪造一个根据,叫做天赋人权。当然,还可以有一个后来者、也就是离今天更近一些的人值得一提,因为据说这个人对民主的见解更为深刻。他就是托克维尔。不过我要指出的是,他的理论似乎更加狡猾,因为他一方面说个人主义必然导致国家或政府的极权,另一方面又倡导某种能够保障自由的、新的民主制度。为了不增加这些"经典作家"的数量,我只好舍去另一个别有用心者哈耶克,他表面上好像要提防街头暴政,其实是为了掩藏民主本身就具有的暴政可能。

洛克、卢梭、以及托克维尔都是政治学大家,他们生活的年代分别是17、18、以及19世纪,所以其中相通的思想恰好表明了现代民主制度生成确立和发展变化的主要内容。不过,我似乎没有必要在此重复他们的思想和理论,因为不仅他们的主要观点已经成为学术界或相关学科的基本知识,而且他们的思想也深刻影响了西方民主制度的构成,并成为相应的民主主义传统。我要指出的是,本来应该、而且很容易从他们那些已经成为学术常识的思想或理论中得出的一些关于民主的结论,恰恰是现行政治学及其民主理论避而不谈的地方,甚至这三个政治学大家本人也是如此,因为按照他们的智商、思想以及理论水平是不应该看不到这些结论的。为什么会这样呢?原因当然是各种偏见、甚至伪善。

对于洛克来讲,其关于民主的看法基于一个政治哲学的出发点,叫做自然状态下的人都是平等的。因此,民主的意思就是说,除非出于自己的同意(包括明显的默认),任何人都不会、也不应该屈从于任何权威。为什么要指出这一点?或者说,承认这一点有什么用呢?在于保护私有财物。或许是因为洛克把自然状态当真了,所以当他把劳动作为价值和权利的源泉时,民主要保护的就不仅仅是某个个人的财物,更应该是作为财物(在资本主义尤其是资本和生产资料)运作(包括获得、保有、交易、再生产等各个环节或全过程)形态或机制的私有制。同样,建立并实施民主制度的政府的目的,或者说民主政府的核心功能,也就是保护私有制。但是,据说这种政府必须保证或符合民主的"同意"原则,所以它实际上就是所有人签订的一种社会契约,以便使政府成为公民之间中立的仲裁者。相应地,这种政府的建立首先要求人们同意组成一个共同体,并把各自的自然权利交出来为共同行动而用;其次是要进行选举,以多数票原则组成相应的立法机构、职能部门,以及用来通过法律法规;最后,私有财产的所有人都同意,由共同体以政府的形式向自己征税。

洛克关于民主的理论极为重要。前面讲到了中世纪后期的城市自治和市民社会,但如果从国家这个现代社会最基本的政治共同体角度来讲,民主政治的议会制度机制或雏形也许应该从1215年的大宪章算起,因为那个宪章最主要的实质性内容,就是不再允许国王一方随意征税,同时规定,开征什么税种、按什么标准以及征多少税等等事项,都必须由国王、公侯国(作为地方政府)或贵族、以及商人(也就是资产阶级)等各方共同"商议"。从此,这个"商议"不仅成了议会的基本形式和主要职能,而且就是民主的真实形态。显然,经过了四个半世纪,洛克所面对的民主政治已经有了足够长的历史进程和足够多的经验教训,所以他在1688年"光荣革命"之后发表的民主理论与其说是一种创建,不如说是明智总结。换句话说,现代民主政治制度的成型或定型是以洛克的相应理论来表述的。

卢梭的民主既坚持了人生而平等的政治哲学前提,也明确用"社会契约"来表示它所构想的美好社会的民主性质。与洛克不同的是,卢梭认为人类文明破坏了原先的自然状态,而且不断地导致痛苦和堕落,而造成这种状况的根本原因,就是私有制的存在。根据这个逻辑,不仅政府是对民主的威胁,而且普遍实行的代议制其实也是违背民主精神的。为了改变这种不平等、不合理的社会,卢梭也提出了几个原则。首先,不能以国家或政府来代替主权,相反,只有能够体现所有人平等参与的、或者代表公民集体利益的"公意"才叫做主权;其次,必须实行直接民主,同时要有相应的法律保证每个人自由投票的权利;最后,必须同时进行关于自由和道德情感的教育,从而能够使理性的和自私自利的个人更易于接受"公意",并共同组成一个政治社会。

托克维尔的两卷本著作《论美国的民主》使他一举成名,但这其实是一种偶然。偶然之一是他迫于在自己国家里的政治任职尴尬才去美国散心的,偶然之二则是美国的实际情况让他看到了另一种民主。作为民主政治制度的诞生地,英国当然是历史悠久的老大,而至少从民主思想来讲法国比美国具有更久远的历史,更何况法国大革命的响动和名气都比美国独立战争显得轰轰烈烈,影响多多。也许正由于这种偶然,托克维尔看到的是民主制度确立之后的麻烦。在美国人那里,托克维尔看到了一种反抗理性权威和肯定个人理智的习惯,所以认为这是一种自然的民主观。换句话说,他几乎认为,主张个人自由就必然要求民主,而他反思法国大革命的真实目的,其实在于劝导民众不要反对政府。

但是另一方面,正是这种个人主义带来了民主的麻烦,这就是每个人都自私自利,都不想在获得自己福利之外再做什么事情。结果,民众缺乏政治热情和政治参与,所有的事情都由政府去管,不仅造成了民众自愿接受的一种"新型的专制主义",而且民主本身也变得越来越无聊,政治领袖则变得越来越弱智。因此,托克维尔担心的并不是中央集权或专制以及所谓各种民主暴政的出现,而是如何唤起由民众积极参与的政治民主。对此,托克维尔想了很多办法,比如鼓励社团自治、成立中介自愿社团、开展集体自助、经办合作事业等。

从上面三个人的民主理论可以并应该得出什么结论呢?或者说,有哪些本该指出的关键内容或核心原则一直被现行的民主理论视而不见呢?我认为主要有四点。

第一,尽管洛克和卢梭都提出了"自然状态",但这实际上都是标准的主观假设。这个假设即使有意义,那也应该是一种结果,即一种值得为之奋斗的目标或者理想的社会,而不是生成民主政治的原因或起始。比如,如果我们认为曾经存在过原始共产主义,那么理想的社会才可以叫做某种高级阶段或状态的共产主义,在这之间完全谈不上是否需要民主的问题。同样,卢梭不仅、也的确不主张回到自然状态,而且当他批判同时代、也就是人类文明的时候,理应包括对资产阶级民主的批判。

第二,不管如何理解民主的政治哲学依据,民主政治及其与之相应的制度都是用来保护私有制的。事实上,这里包含的是一种互为因果的关系。私有制认定所有实际的或真实的权利都是利益交换,而为了使这种交换对每一个私有者来说都认为是公平合理的,那就只有签订以利益交换为原则的社会契约。其他一切关于民主的政治哲学或者道德支持都应该、也只能在前述的互为因果原则中得到说明和实现,而不是像现行民主理论那样本末倒置地反过来说民主本身就是一种好的政治制度和价值观。

第三,需要时刻防止民主走向自身性质和功能的反面。不过,至少根据托克维尔的看法,这种反面并不在于什么民主暴政,而应该是民主本身的无聊和堕落。这一点其实也很好理解,如果从出现大宪章的1215年算起,现代民主到今天已经有八百年历史了,我们虽然不能确定什么东西活到八百岁就该死了,但是,这么长的时期已经足以使维护私有制的民主制度养成自私懒惰的习惯,或者是自私懒惰的集体无意识。

第四,现行的民主理论对上述三点视而不见,或者避而不谈,相反却热衷于用各种办法去设计民主制度,包括各种民主创新。既然是维护私有制,那么撇开私有制的好坏不谈,民主的合理性根据也应该在于有利于私有制。但是,一直以来的理论从来不谈这个,而是大讲自由、平等、正义、人权等价值观,实在不能回避了,就说保护私有财产是这些价值的基础,或者说私有财产神圣不可侵犯。可是,"私有财产"和"私有制"是完全不同的概念。这样一来,表面上民主的道义为善性质似乎是不言自明的,实际上却已经把民主弄成一种主观任意的抽象,而且越是对具体的民主部分(也就是学者特别喜欢说的"程序"和"机制")精雕细琢,这种抽象就越是毫无用处。相反,如果说在这种情况下民主还有什么真实的效果或作用,那就是制造混乱和双重(或多重)标准。

上述四个方面基本上是从理论上讲的,但是,正是这些为主流的民主理论所视而不见的问题,集中反映了民主本身的一大害处,也就是这一节标题所说的道义自欺,即道义上的自欺欺人。简括地说,第一,人生而平等这个情况根本就不存在,相反,我们能够确切经验到的情况是人生来就不平等,而且这种不平等状况仍在全世界范围加剧或恶化,因此,将这种平等作为民主的逻辑前提是错误的,而作为民主的政治哲学根据则是虚假或伪善的;第二,即使从道义为善的角度要求达到或实现人生而平等或者事实上的人人平等,也没有理由说一定要采取民主的方式,更何况这种民主其实从一开始就只是为了保护私有制,而且这个目的在今天更其迫切。

## 2. "另类"的社会主义民主

从上一节所说的情况可以看出,资本主义民主的最大害处在于,它明明是为了维护私有制的一种政治制度,却偏要被说成是道义为善的普世价值。这一节将要指出的民主的害处比较复杂,而且更具有欺骗性和扰乱性。如果要对这种害处做最简括的表述,那也许就在于一个突出的尴尬:一方面,既然民主是保护私有制的政治制度,逻辑上讲社会主义制度与民主就是矛盾的;另一方面,如果明知道存在这种矛盾,为什么社会主义仍然要大讲民主。答案只有一个,就是社会主义民主根本不同于资本主义民主,但是既然如此,民主本身就可能成了一个虚假的招牌,不仅可以随便拿来用,甚至还会扰乱人心。

的确,从思想渊源来讲,社会主义并不讲什么民主,即使在后来被当作科学社会主义先驱的空想社会主义那里,民主的含义也和资本主义民主以及社会主义民主都没有什么关系。比如,莫尔(Thomas More,1478—1535)的《乌托邦》被认为是最早具有社会主义思想的著作,因为他所描绘的理想社会之所以是一个"好地方",主要在于经济平等、就业充分、衣食无忧。但是,这个社会本身却是独裁专制、或者家长制和等级制的,所以不仅与民主无关,甚至根本没想到民主。圣西门、傅里叶和欧文这三个18—19世纪的人被认为是科学社会主义的伟大先驱,但是同样,在他们的"空想"社会主义中也没有民主政治,相反却莫名其妙地相信生产资料公有制可以保证把劳动作为人类的创造性功能,所以也就能够实现必需品的按需分配,而且是自由的按需分配。不过,也许可以理解的一个情况在于,恰恰是由于当时资本主义的民主已经成型,或者说成体系了,而这三个社会主义者并不喜欢这种民主,所以就去空想合理的、道义为善的社会应该是个什么样子。

但是,至少从政治制度的自我宣称来讲,今天显然存在两种民主,即西方的民主和中国的民主,前者是资本主义性质的,后者的性质属于中国特色社会主义。这里的问题就在于,为什么都要标举民主,比如社会主义为什么不直接讲人民主权或人民专政呢?答案在于,价值观的民主已经成了谁也不敢反对的废话和假话,而政治制度的民主更是随便怎么讲都行,或者说可以自我宣称。因此,毫不奇怪的是,相互的争论和攻击(社会主义夺权时攻击对手,而现在主要是资本主义攻击社会主义)是不可避免的,于是,民主反而成了随意编制出来并加以使用的工具。

列宁早就说过"民主是一种国家形式,一种国家形态。"①因此,不管对上一节所说民主制度的生成历史怎么看,至少从逻辑上讲,列宁的说法已经表明,民主就是维护私有制的国家形式或形态,更不必说直到今天的西方国家都是以维护私有制来自诩为民主国家的。那么,社会主义为什么也要讲民主呢?它讲的又是什么民主呢?对此,不仅有价值观的因素,同样也有、甚至更是由于历史的原因。

科学社会主义在马克思和恩格斯那里基本上仍是一种学说,尽管也出现过1840年代的革命以及1870年的巴黎公社,但大体上可以看出,社会主义谈及并主张民主主要有两个原因。其一,由于当时的政权是资本主义性质的,所以社会主义者要求自己及其事业也应该被民主地对待;其二,认为只有社会主义才能真正实现民主,或者说社会主义民主才是真正的民主。但是,这两个原因也是一个互为表里的矛盾:希望被民主地对待的要求表明,民主是个好东西,但是如果问题仅限于此,那么大家都被民主地对待、或者说只要将资本主义民主普惠于所有的人,也就没有必要谈什么社会主义了,更不要说干社会主义革命了。

这个矛盾之所以存在的合理性或和逻辑性只在于一个现实,即所谓"社会主义民主"就是为了解决这个矛盾而提出来

---

① 《列宁选集》,1975年版,第三卷,第257页。

的,而且在这个意义上讲,民主甚至是社会主义迫不得已的选择。其实,这一点恩格斯在回答什么是共产主义的时候就已经说的很明白,即"共产主义是关于无产阶级解放的条件的学说。"① 我们知道,这里的共产主义就是社会主义,因为马克思和恩格斯认为当时各种非科学的甚至反动的"社会主义"太多、太滥,所以他们才改称共产主义。那么,那个需要用整个学说去论证、说明,并需要努力争取的"条件"是什么呢?用《共产党宣言》里的话来回答,就是"消灭私有制。"②

又要消灭私有制、又要争取原本是保护私有制的民主,这个矛盾所显示出来的社会主义的迫不得已,主要就在于阶级斗争或社会主义革命的需要。青年马克思肯定是喜欢民主的,至少他因为言论不自由而写过批判普鲁士书报检查令的文章,揭露所谓书报检查其实就是官方意识形态的管制,所以应该坚决废除书报检查制度。不过,马克思和恩格斯很少、甚至一直没有专门去谈民主本身,但却把民主作为一个任务在《共产党宣言》里正式提了出来,认为"工人革命的第一步就是使无产阶级上升为统治阶级,争得民主。"也许,只是在表达这个任务稍后的一句话,似乎指出了为什么革命需要民主的普遍或哲学根据,即在那个用革命得到的与资本主义相对立的社会里,"每个人的自由发展是一切人的自由发展的条件"。③ 然而,尽管不专门谈民主的理由可能很多,但可以肯定的是,马克思和恩格斯都认为有比民主更加本质、也更加重要的道理需要揭示和说明。因此,他们在《法兰西内战》中分析巴黎公社的性质时

---

① 《马克思恩格斯选集》,1972 年版,第一卷,第 230 页。
② 《马克思恩格斯选集》,1972 年版,第一卷,第 286 页。
③ 《马克思恩格斯选集》,1972 年版,第一卷,第 292 页、293 页。

说,公社是"社会解放的政治形式,把劳动从垄断劳动者自己所创造的或是自然所赋予的劳动资料的那批人篡夺的权力(奴役)下解放出来的政治形式"。同时,他们还明确认为,"工人阶级不能简单地掌握现成的国家机器,并运用它来达到自己的目的。"①

上述情况说明了什么呢?列宁在许多地方给出了明确的答案,这里只引述他的几篇文章和演讲来做一个简括的表述。

列宁的学说是用来干革命的,也就是干社会主义。但是,俄国的沙皇是专制的,所以列宁首先必须要求社会主义者被当时的政权民主地对待,而且事实上在资产阶级革命后,临时政府同样也转向了对社会主义的公开镇压。因此,列宁不仅最关心政权问题,而且一再引用上述《共产党宣言》里的话,要求无产阶级夺取政权以使其"得到民主";同样,列宁十分重视巴黎公社的经验,并把它看成是俄国十月革命之前的第一个苏维埃政权。这样,获得民主和掌握政权就紧密地联系起来,而前者主要成了后者的手段。

首先,列宁在十月革命前,也就是 1904 年提出了一个策略,并把它作为民主革命一个迫切的政治问题。"无论为了无产阶级的直接利益,或者是为了无产阶级为社会主义的最终目的而斗争的利益,都需要有尽可能充分的政治自由,因而也就是要用民主共和制来代替专制体制"。② 其次,社会主义革命同样需要争取民主。"如果认为争取民主的斗争会使无产阶级脱离社会主义革命,或者遮挡住社会主义革命等等,那是根本错误的。相

---

① 《马克思恩格斯选集》,1972 年版,第二卷,第 415 页、372 页。
② 《列宁选集》,1975 年版,第一卷,第 517 页。

反,正像不实行完全的民主,社会主义就不能胜利一样,无产阶级不为民主进行全面的彻底的革命的斗争,就不能准备好战胜资产阶级。"①第三,现代民主就是资产阶级民主,那只是"狭隘的、残缺不全的、虚伪的、骗人的民主",而"无产阶级民主比任何资产阶级民主要民主百万倍,苏维埃政权比最民主的资产阶级共和国要民主百万倍。"②因此第四,"民主共和制、立宪会议、全民选举等等实际上是资产阶级专政;要把劳动从资本的压迫下解放出来,除了用无产阶级专政代替这种专政之外,没有别的道路可走。"③第五,前述各项的理由都表明,民主从来就不是抽象的,而无产阶级或社会主义民主之所以是真正的民主,在于无产阶级要求通过阶级斗争和无产阶级专政来最终消灭阶级,从而达到国家和民主本身的消亡。"只要有不同的阶级存在,就不能说纯粹民主,而只能说阶级的民主(附带说一下,纯粹民主不仅是既不了解阶级斗争也不了解国家实质的无知的论调,而且是十足的空谈,因为在共产主义社会中,民主将演变成为习惯,消亡下去,但永远也不会是纯粹的民主)。"④

引述以上那些说法并不旨在表明列宁对民主的理解正确与否,而是简要回顾社会主义如何对待民主的真实态度和历史过程。这些论述表明,社会主义对民主的选择之所以是"迫不得已",在于民主本身就是社会主义革命的目的之一和重要手段。因此,尽管可以从苏联的各次宪法来看第一个社会主义国家是否主张民主、以及具体规定了哪些民主内容,但由于资本主义民

---

① 《列宁选集》,1975年版,第二卷,第717页。
② 《列宁选集》,1975年版,第三卷,第630页、634—635页。
③ 《列宁选集》,1975年版,第三卷,第712页。
④ 《列宁选集》,1975年版,第三卷,第629页。

主在先,也就是已经存在、实施、并成体系地定型了,所以后继的社会主义民主只能通过与资本主义民主的比较才有意义,而其本身的民主特性则是需要另一种标准才能够衡量的。事实上,正由于社会主义民主不同于资本主义民主,所以从斯大林到戈尔巴乔夫的苏联是否实行了真正的民主就是一个假问题或伪命题,或者反过来说,苏联的政治制度是否民主、好与不好、以及它的最终解体是否具有必然性等问题,与是否存在社会主义民主根本没有关系。换句话说,真正困难的不是争辩资本主义民主和社会主义民主哪个更正确、更真实、更好,而是如何具体说明真实的社会主义民主到底是怎样的。

的确,由于一些显见的原因,比如实体形态(即国家形式)的社会主义历史还不算长、第一个社会主义国家苏联已经解体了等,现在就准确阐述社会主义民主是有相当困难的。除此之外,这个困难的最大原因很可能在于对社会主义民主的理解得不到认同,至少不像对于资本主义民主那样,尽管也有理解上的差异,但在总体上还是能够说得清楚的,包括认为它是有阶级属性的、是为保护私有制服务的等看法。

由此,比较可行的办法是分析中国的情况,理由如下。

首先,无论是自己的宣称还是世界上的看法,中国作为社会主义国家应该是没有疑问的,或者说这一点已经得到认同。其次,中国革命的经历尽管与苏联不同,当然更不同于巴黎公社,但是在马克思主义的社会主义或科学社会主义的理解方面却是与它们基本一致的。第三,中国有着社会主义革命的一般性经历,即先是反对各种专制、要求民主,也就是先进行资产阶级民主革命,然后再转为社会主义革命,而且在这方面中共还把苏联当成中国革命的先师和榜样。第四,中国不仅是社会主义大国,而且是全球范围有影响力的大国,所以某些制度或理念(民主就是其中之一)即使只是中国自己的创造、甚至仅仅在自己本国实行,也必定要对世界发生影响,当然也就包括在世界范围的被认同。

中国革命要求民主是很自然的,这不仅因为不管资产阶级还是无产阶级遇到的第一件事就是反对不民主的封建政权,而且还因为中国在自己的政治传统中找不到合适的革命武器,而西方的民主恰好成了更为合适或有用的选择。因此,民主不仅成了思想武器,而且还一直就是斗争手段。事实上,民主不仅不是社会主义的发明,而且不管资本主义民主还是社会主义民主都更不是中国的传统。封建专制也讲道德,也讲执政为民,也有它的法制,所以从好的意义上讲,现代,或者由西方发明的民主在中国的传统中大致就是指顺乎民意地"为民做主",还远远达不到新民主主义革命以来要求的"人民当家作主"。但是显然,"为民做主"的理解与革命目的不符,即使孙中山领导的资产阶级革命所争取的民主也首先是"民权",而这也就是孙中山所理解的、由西方发明的民主。问题在于,资产阶级民主在中国行不通,到处碰壁,甚至列宁还批评孙中山,说他本来实行的是一种"战斗的、真诚的民主主义",而且"在主观上是社会主义者",可是却主张"纯粹资本主义的"土地私有制,而这样搞其实就很反动了。[1]

中国共产党领导的新民主主义革命对民主做了自己独创的理解,尽管在社会主义原则上与马克思、列宁(从而、或者当然也就与巴黎公社和苏维埃)是一致的,包括列宁在《国家

---

[1] 《列宁选集》,1975年版,第二卷,第424—427页。

与革命》中所要求的实行议政合一、以及不采取议会制等具体做法。① 正是由于这种一致性,在中国,人民民主专政就是无产阶级专政。如果说,中国共产党领导的革命用了28年(从中共成立的1921年算起直到新中国成立的1949年),那么,至迟从1940年开始,毛主席写了一系列专著,对革命要争取的民主及其政权形式做了明确透彻的阐述。这些著作大致包括《新民主主义论》(1940年)、《新民主主义的宪政》(1940年)、《论联合政府》(1945年)、《论人民民主专政》(1949年)等。由于这些著作的时间跨度较大,涵盖了抗日战争和解放战争两个主要历史时期,所以在政治目标或任务的侧重及其相应表述上略有区别,但前后关于民主政治的基本理念和制度设计的阐述仍是明确连贯和高度一致的。

首先,要反帝、反封建就必须争取民主。但是,没有抽象的民主,中共要求的是人民的民主,而在不同的历史阶段人民的概念和实际含义并不一样,比如抗战时期,除了日本侵略者和汉奸、以及坚持并实施反共行为的顽固派,所有人都在人民之列。

其次,中国革命分为两个阶段,即新民主主义和社会主义。中共领导的、以武装斗争为主要形式的革命性质是新民主主义,但同时又属于世界范围社会主义革命的一部分,而且其发展方向和前途也都在于社会主义。因此,新民主主义的民主并不是资产阶级民主,而是具有社会主义方向的、联合了在一定阶段具有一致或相近政治目标的资产阶级民主力量的民主政治。

第三,这个以国家为实体形式的民主的国体,也就是各阶

---

① 《列宁选集》,1975年版,第三卷,第206—210页。

级在国家中的地位,叫做"工人阶级(经过共产党)领导的以工农联盟为基础的人民民主专政";①而政体,也就是政权的构成形式,则是人民代表大会制度。这个设计早在《新民主主义论》中就很明确了,不过,由于当时还要联合国民党抗日,还要建立最广泛的抗日统一战线,毛主席用了一个简括的公式来表示,即"国体——各革命阶级联合专政。政体——民主集中制"。②

第四,民主政权是保护人民的,所以人民民主专政是对敌人的专政,对人民的民主。在这一点上,人民民主专政就是无产阶级专政。但是,中国实行的是中共和其他革命力量,具体地说就是与民主党派联合或合作执政,所以在这一点上人民民主专政又不同于苏联一党执政的苏维埃政权或无产阶级专政。

第五,人民的民主对自己采取民主集中制,既要充分发挥人民的意志、代表人民的利益,又要有统一的集中。因此,不但不实行多党竞争,也没有必要采取代议制。

第六,从道义为善的普遍性来讲,中国的民主制度也包括了资产阶级民主所主张的某些方面和内容,比如人身、财产、言论、结社、信仰等方面的自由。同时,也有很多资本主义民主制度没有的专项内容,比如民族自治、男女平等、以及人民军队和平等外交等。

在中国民主制度的设置中,学术界从来没有、至少是极少提到过的一个创制内容,就是建立人民军队所具有的民主性质。这个创制的逻辑在于,由于是人民民主,军队就不能是所谓中立

---

① 《毛泽东选集》,1991年版,第四卷,第1480页。
② 《毛泽东选集》,1991年版,第二卷,第677页。

的国家武装，也就是毛主席说的，"没有一个人民的军队，就没有人民的一切"。① 至于平等外交，同样是中国的民主创新，或者说是民主在国际关系中的运用，也就是新中国成立后逐步明确和制定的外交原则，即在1954年与印度和缅甸共同倡导、并在万隆会议上提出和确定的"互相尊重主权和领土完整，互不侵犯，互不干涉内政，平等互利，和平共处"等五项原则。事实上，只要看一下一直以来资本主义民主所实行的强权政治以及大国霸权政治，就不难理解"和平共处"五项原则的民主创制意义和特征了。

新中国成立后，民主制度基本上就是按上述理解来安置的，大致包括几个内容。第一，国体是人民民主专政；第二，政体是人民代表大会制度；第三，体制是民主集中制。为了突出民主制度的人民性质，毛主席专门提出了如何正确处理人民内部矛盾的问题，而这一点完全是对马克思主义的新贡献。

毛主席的《关于正确处理人民内部矛盾的问题》②写于1957年2月，这本来是他在最高国务会议第十一次（扩大）会议上的讲话。那时候，不仅新民主主义革命已经胜利，而且已完成社会主义过渡并取得社会主义建设的诸多成就，因此，人民民主专政不仅要在新的形势下区分敌人和人民，而且还要在实行人民民主的同时正确认识和处理人民内部矛盾。显然，这一任务直接关系到民主的理论和实践，总括起来主要有三点。

第一，实行人民民主的前提是必须分清楚敌人和人民。"世界上只有具体的自由，具体的民主，没有抽象的自由，抽象

---

① 《毛泽东选集》，1991年版，第三卷，第1074页。
② 《毛泽东文集》，人民出版社1999年版，第七卷，第204—245页，以下整个自然段的论述都引自于此。

的民主。"自由和民主都是有阶级性的,在阶级社会里,不存在对于对立阶级都适用的自由和民主。因此,西方的两党制、西方的民主都是为资产阶级服务的,不适合中国的社会主义制度和人民利益。第二,"民主和自由都是相对的,不是绝对的,都是在历史上发生和发展的。在人民内部,民主是对集中而言,自由是对纪律而言。""这种民主和集中的统一,自由和纪律的统一,就是我们的民主集中制。在这个制度下,人民享受着广泛的民主和自由;同时又必须用社会主义的纪律约束自己。"第三,民主看起来是目的,其实是手段,因此敌我矛盾和人民内部矛盾是可以转换的。社会主义的人民民主既要防止人民内部矛盾的激化、甚至向敌我矛盾转化,也要争取敌我矛盾向人民内部矛盾转化。处理人民内部矛盾的方法主要是讨论、说服、教育、批评和自我批评以及榜样的示范等,而绝不能采取强制、压服、强迫的行政命令等方式。这种处理矛盾的民主形式,可以简化为一个公式,叫做"团结——批评——团结",也就是"从团结的愿望出发,经过批评或者斗争使矛盾得到解决,从而在新的基础上达到新的团结。"

改革开放以后,在毛泽东思想之外,又提出了中国特色社会主义理论,这两者的政治性质不仅高度一致,而且后者为前者提供了政治基础和相应的制度框架,前者则是后者的延续和发展。就民主制度的设计来讲,中国特色社会主义生成了两个重要的具体内容,一个叫做"一国两制",另一个叫做"协商民主"。之所以说"生成",是因为它们在改革开放、甚至"文化大革命"之前就有过认真的考虑和安排,比如对于香港什么时候收回来,以及收回的方式和阶段进度等。至于协商民主,新中国的政治形式本身就是以协商的方式建立的,到了人民代表大会制度建立的时候,不仅政治协商会议作为一个实体机构继续存在,而且还将政治协商确立为一项法定的基本政治制度。

但是,这两个新内容的民主特性的确是在改革开放中逐步明确的。所谓一国两制,就是在同一个国家存在和实行两种制度,也就是社会主义制度和资本主义制度,当然也就存在并实施相应的两种民主。具体说来,香港和澳门、理论上也包括台湾就可以实行资本主义制度,就是资产阶级民主。虽然一国两制还有很多理论问题有待总结,但就这种做法已经实行的 20 年来看,有两点是可以肯定的。第一,在阶级社会,民主的性质、内容、形式的确都是以不同阶级的要求为前提的;第二,不同性质的民主制度不仅可以并存,而且可以服从、隶属、以及服务于同一个政治实体(中国)及相应的政治理念(比如统一、发展、中华民族的伟大复兴等)。

从表述上看,"协商民主"并不同于"政治协商",因为后者是一项基本政治制度,同时也有实施这个制度的实体机构和形式载体。至于协商民主,中共中央 2015 年 2 月印发的《关于加强社会主义协商民主建设的意见》(下简称《意见》)说,"协商民主是在中国共产党领导下,人民内部各方面围绕改革开放发展稳定重大问题和涉及群众切身利益的实际问题,在决策之前和政策实施之中开展广泛协商,努力形成共识的重要民主形式"。很明确,协商民主是一种"民主形式",不过这个概念或术语的政治刚性可大可小,前面说过,列宁就把它当作国家的基本政治制度,又或许因为它作为明确的提法仍是比较新近的事情,所以有些重要问题还不很清楚。

首先是协商民主作为政治范畴与政治协商的关系。协商民主没有实体机构和形式载体,就此来说它似乎应该是一种机制,那么政治协商是否也具有这种机制呢,如果有,是否两者的区别在于功能针对及作用的不同呢？比如,政治协商的内容包括基本国策、大政方针、人事安排等,好像协商民主不涉及这些。其次是要"建设"的范畴针对。如果协商民主是一种机制,那么这方面所要需要建设的就是某种方法,其适用域可以涵盖运用协商民主的所有方面,包括《意见》列出的政党、人大、政府、政协、人民团体以及基层等。由此说来,协商民主似乎仍是体制内的功能设置,并不是社会普遍使用的民主原则。再次是政治定位。中共十八大及其三中、四中全会都说要"健全社会主义协商民主制度",要"推进协商民主的广泛多层制度化发展",那么,这个"制度"与已经确立的基本政治制度（人民代表大会制度、中国共产党领导的多党合作和政治协商制度、民族区域自治以及一国两制）是什么关系？是否为相并列的又一项基本政治制度？如果是,这个制度的法定和规范文本是什么？最后,《意见》要求加强和完善党对协商民主建设的领导。这个要求当然与社会主义民主的基本原则相一致,不过这种领导本身是否也需要、或者可以运用协商民主的制度化方式仍不很清楚。

无论改革开放的民主创新和创制是否还有需要总结和认真讨论的地方,至少从中国的现实（当然也是从新中国一直以来的）情况来看,社会主义民主与西方或资本主义民主的确有着完全不同的性质。不仅如此,社会主义民主在资本主义民主（它其实就是现在主流所说的民主理论和制度）看来根本就不是民主,或者说社会主义民主的那些说法和做法根本不民主。其实,对于这种情况社会主义也是很清楚的,问题在于,既然如此,社会主义为什么还要到处宣称"民主"这个词或理念呢？

简单地说,就是因为手段的不得已带来的历史惯性、以及选择性主流话语造成的压迫。社会主义革命必须先争得民主,这就是手段;民主是资产阶级发明的,后来的新民主主义革命以及社会主义革命只能使用资产阶级的民主概念和话语。这样,即使等到革命成功、甚至建立了社会主义,有了自己新的含义和内容的民主,要想和既有的民主定势、也就是资产阶级民主划清界限也是极其困难的。事实上,民主早已成为道义性的话语霸权,而且比如陈独秀也早就利用这种霸权优势来论争了。当时的封建顽固派和军阀指责进步杂志《新青年》有罪,陈独秀就写文章反驳并争辩道,"大家平心细想,本志除了拥护德赛两先生外,还有别项罪案没有呢,若是没有,请你们不用专门非难本志,要有气力有胆量来反对德赛两先生,才算是好汉,才算是根本的办法。"①这里的德赛两先生,就是民主和科学,而即使是军阀当道,也已经没有人敢公开反对它们俩了。

另一件性质与陈独秀说法相同和类似、但所指方向正好相反的典型事例,就是中共党史上经常被提起的黄炎培和毛主席的一席话。黄炎培说,历来政权更替不乏"其兴也勃焉、其亡也忽焉"的例子,而这几乎成了一个"历史周期律",并问毛主席,中共的新生政权如何摆脱这个周期律。毛主席回答说,我们已经找到了一个能够跳出历史周期律好办法,就是民主。的确,按照新民主主义革命(以及后来的社会主义革命和建设)的政治划分,黄炎培本人就是民主人士,但他讲的"历史周期律"都是革命以前的历史,和当下的情况具有本质上的不同。因此,如果说当时毛主席讲的民主和黄炎培所期望的民主很可能相差十万

---

① 《新青年》,第6卷第1号,1919年1月15日。

八千里的话,那是一点儿也不奇怪的。

　　不过,陈独秀的反问仍然是有道理的,而且是有现实意义的,因为这涉及到民主本身的境况。社会主义民主作为另类民主是一个事实,但这种另类的情况与这种民主是不是真民主没有关系,而它的害处却在于不得已、不自觉、稀里糊涂、甚至别有用心地继续言说民主,结果反而把社会主义民主自己给带坑里去了。由于社会主义革命在资本主义制度确立之后,所以策略(而不是道义)上不得不利用民主;但社会主义和资本主义干的毕竟不是一回事,而且社会主义是要取既有政权而代之的,所以又说社会主义民主才是真正的民主、资本主义民主是假的民主。因此,民主对于社会主义的害处(尤其是今天)就在于,它迫使社会主义总是显得言不由衷、甚至言行不一。如果真要做陈独秀讲的"好汉",以及真要跳出黄炎培的"历史周期律",社会主义就应该抛弃"民主"这个本不属于自己的概念及制度,直接创造一个符合自己主张的概念及制度。

## 3. 要不得的标准

　　在简要考察了资产阶级民主和社会主义民主的历史及其各自含义之后可以看出,不管各种民主有多少差异,共同的地方有两点。其一,凡事应该大家商量,不要由一个权力说了算。当然,这不包括把民主本身也当成一个权力(但它可能是一个权威),而是指各当事方中的任何一个都不能成为权威。因此,与此互为表里的其二就在于某种程序,也就是要有一个法定的办法,使那种自己说了算的权力既不能形成、也不得实施。

但是,上述两点的"共同"只是理论上、甚至只是理想中的东西,因为事实上西方显然不认为中国是民主国家,也不认为社会主义民主是民主(无论另类还是真假)。既然如此,社会主义还有什么必要接过资本主义发明的民主,然后总是需要在世界上费力不讨好地、甚至委屈笨拙地为自己的理念和制度辩解,说自己是多么民主?不仅如此,又何必还要好像被西方(主要是美国)惹急了,所以才不得不以其人之道反制其人之身的办法去揭露它们的不民主、甚至假民主,直接说民主本身就是错误的岂不更痛快——如陈独秀所说的"才算是好汉,才算是根本的办法"?

原因就在于,民主已经成为一个谁也动不得的标准。对于这一点,其实也早就有学者指出过。比如,意大利的萨尔沃·马斯泰罗内(Salvo Mastellone)在叙述和分析了欧洲的民主历史之后认为,虽然有各种各样(主要就是资本主义和社会主义)的民主,但如果不是随意地理解和运用民主的话,民主的含义就应该是指"自由的、平等的、能够结社的、拥有公民权和社会权利的公民们的代议制人民政府"。然而,马斯泰内罗自己也知道,这种说法不过是一种理想的安慰,而现实情况却在于,这样的民主不仅还远不是一个普遍的现实,而且仍存在不同的理解和看法。即使在认同这种看法、并实施这种民主制度的国家(主要指西方世界)来讲,其实效也是很可堪忧的。因此,这种民主实际上就成了"估量某种政治制度的弱点、以便提出改进方法的一种衡量标准"。①

---

① 〔意〕萨尔沃·马斯泰罗内:《欧洲民主史——从孟德斯鸠到凯尔森》,黄光华译,社会科学文献出版社 1994 年版,第 404 页、398 页。

为什么谁也动不得这个标准呢？原因就在于前两小节说的,资本主义不愿意动,社会主义不便于动。正因为如此,至少从逻辑上讲这一节就应该回答和指出,这个标准以及把此作为标准的做法都是要不得的,是会害人的。不仅如此,从现实来看还有一个突出的情况,使得揭露这个标准的害处并丢弃它显得尤为迫切。这个情况就在于,尽管资本主义知道自己的民主理念、尤其是民主制度有很多麻烦甚至弊端,但是,资本主义同时也知道社会主义在民主方面的窘境,不仅如此,资本主义、以及几乎所有(不管身处哪种制度的国家中)的学者和知识分子也不很认同社会主义民主,而且都故意利用社会主义的这种窘境向它和它的民主施压。

既然民主成为一种衡量标准的情况是真实的,那么,依此来进行衡量的目的就是有所指向的,换句话说,衡量得出的褒贬结论其实是制约于进行衡量的目的的。这样一来,衡量标准中的"标准"其实并不总是能够清楚界定的,甚至总是根据衡量的目的而变化的。具体说来,这种衡量体现为三种主要状况和趋势。其一,或者从另一种角度批评资本主义(或西方)民主,或者抱怨这种民主并没有带来好处,不值得相信。其二,从理论上分析检讨资本主义(或西方)民主,提出改进的办法。其三,在与其他国家(主要是中国、以及所谓"新建民主"的国家)的对比中,警醒资本主义(或西方)民主需要注意的问题并提出需要相应采取的策略。

"其一"的情况比较明显。不管是由于政治理念的不同,还是出于对具体生存境况的体验,这一类对西方民主的批评大多十分直接和尖锐。比如,西班牙《起义报》网站 2015 年 7 月 27 日有一篇题为"新的大变革"的文章,认为现在至少有三个大变化,即福利国家的终结、国家主权的终结、以及民主的终结。在这种情况下,再相信民主"就是一个严重的战略错误",因为现在的民主完全剥夺了广大劳动者和普通民众的权利。当然,这个作者是主张阶级观点的,因此对西方民主的这一类批判是很可以理解的,无需多做引述和分析。不过在这种批评中,相应的看法和结论更多来自个体的经验。比如,美国次贷危机、欧洲债务危机等事件都使得欧美国家的一般民众对西方民主失去了信任。

由于这类不满和抱怨实在太多,所以这里举一个有代表性的实例也就可以了:路透社柏林2015年2月24日报道,根据埃姆尼德研究所公布的柏林自由大学操办的民调显示,将近三分之一的德国人认为,资本主义是贫穷和饥饿的根由。与此同时,超过60%的德国人认为本国没有民主,也不指望资本主义能够带来真正的民主,因为归根到底还是资本家的势力大,一般选民只起到次要作用。如果说这种情况表明了民主的阶级性,那么毫不奇怪的是,在德国西部有37%的人认为,共产主义和社会主义的理想是好的,而在德国东部持这种看法的人高达59%。

当然,更多的批评主要是说西方(尤其是美国)一方面要让世界都来学习或仿效它的民主,另一方面自己却又表现不好。比如,法国《世界报》网站2015年8月5日有一篇文章,题目就是"美国每名总统候选人的身后都有一名亿万富翁",意思是说,美国的选举就是拼钱,"至少对于总统候选人资格而言,美国的民主由此就变成了纳税民主"。文章还对将要到来的2016年大选列举了一些实例,包括各种基金、企业、公司为大选投入的资金,从几百万、几千万、直到上亿。甚至美国前总统吉米·卡特也是这样认为的:他在2015年7月28日接受主持人汤姆·哈特曼的采访时说,美国已经不再是一个民主国家了,并把现状归结为四点,即献金左右选举、富人统治美国、权贵供给民主、寡头与民争利。

"其二"的情况更为普遍,而且一方面以一种学术的形式来对西方民主进行分析批评,另一方面却又在肯定西方民主的合法性、合理性以及正确性的前提下,对其业绩的不佳表示惋惜,并查找其中的原因或提出建议。

弗朗西斯·福山就是这方面的一个典型:他既肯定和歌颂西方民主,又为这种民主没能取得自己所希望的全面胜利而惋惜,也就是既要把民主绩效不佳的责任推给非西方国家,又要继续装出一副学术面孔,好像可以很理性地为世人指出方向。1989年柏林墙倒塌,给了美籍日裔学者福山一个为美国背书的机会,于是他就写了《历史的终结及最后之人》,意思是说资本主义全面胜利了,民主将在全球推开,其他的各种主义、尤其是社会主义都难以再有什么作为,所以历史将显得平淡无奇,并走向"终结"。当时,福山曾经的老师亨廷顿就指出,福山的观点不对,因为历史不仅不会走向终结,而且还会由于不同文明的冲突而矛盾重重。历史当然不会终结,但亨廷顿的看法其实和福山一样,只不过换了一个角度,也就是在肯定资本主义以及西方民主全面胜利的前提下,才说今后的麻烦是更加突出的不同文明的冲突。不仅如此,亨廷顿的真实用心甚至更进一步,即他的意思其实是说,非西方的各种或各路文明真的是很讨厌,因为就是他们不肯学习、仿效和追随西方,所以世界才生出许多麻烦事,不得太平。

实际结果是,福山和亨廷顿的预言都破产了。不仅以美国为首的西方继续不断到处费力地推行它们的民主,弄得战火四起、难民成灾,而且不同文明的冲突根本不足以成为这种动乱的原因,甚至在这种动乱中显得模糊不清或不值一提。关于这一点下一章还要专门讨论,这里只提一个情况就足够了:世界各地的恐怖事件和反恐怖斗争不仅不是由于不同文明的冲突造成的,而且恰恰造成了新的文明冲突。于是,福山觉得又有机会了。他不以先前用所谓"历史终结论"拍马屁的失败为耻,反而跳出来为西方(主要是美国)民主惋惜,赶紧出版了新书《衰败的美国——政治制度失灵的根源》,接着又在美国的《民主季刊》2015年第1期上发表文章。福山先为自己挽回面子,说历史之所以迟迟不肯终结就因为民主在全球的表现实在太差劲,然后就用自问自答的方式说出造成这种差劲表现的几个原因——而这也是他再次跳出来要说的核心内容。比如,国家治理能力跟不上啦,国家现代化过程中的腐败啦,在现代国家建立之后再搞民主就容易造成政府的质量不高和效率低下啦,这些年向民主转轨的国家中政党和社团的能力都不行啦等等。总之一句话,所有这些所表明的原因,还是在于非西方国家的落后、差劲、无能,所以资本主义及其民主是恨铁不成钢,即使出手援救,也是心有余而力不足,甚至吃力不讨好。

"其三"的情况可以看作某些学者在批评西方的同时表现出的一种务实探索,其主要特征就是把目光转向发展中国家中的新生力量,尤其是中国。

之所以说是一种务实探索,在于这些批评有一个共同的认识,就是认为西方模式日渐式微了,或者过于僵化,或者失去力量。比如,英国《卫报》2014年10月14日有一篇文章,题目就是《西方模式破碎了》。文章指出,对于多数国家来讲,"按照西方路线发展"的要求是过于绝对化了,而西方模式自己更是已经丧失了"塑造世界"的力量。文章还说,与此形成鲜明对比的是,"中国模式"越来越得到关注,甚至认为,中国模式也"值得西方学习"。对此,新加坡国立大学东亚研究所所长郑永年2014年10月28日在《南华早报》发表文章,说这些变化所体现的主要是"地缘政治变迁和政治秩序重塑",并且做出总结认为,民主既难以整合民族国家,也替代不了民族意识,而由于中国已经自觉地摸索出了自己的政治模式或政治道路,所以它正在重塑地缘政治利益。

既然是务实探索,那么除了指出现象,也要分析原因。2014年3月1日英国的《经济学家》杂志有一篇文章,题目就叫做《西方民主的病根何在》。大体说来,作者还是从战略和策略的角度来分析问题的,而且并不认为西方民主本身有什么不对,因此,所谓的"病根"从作者关于"让民主恢复正常"的希望中可以看得更清楚。首先,要正确理解现代民主奠基人的理论,比如对于詹姆斯·麦迪逊和约翰·穆勒等人来讲,民主是有力的、但并不完美的机制,所以要审慎设计、保持清醒,还要随时调适。其次,现在有很多新兴的民主国家,它们要从这几十年的动荡中汲取教训,尤其要重视分权制衡,而这甚至比选举还重要。第三,不管制度完备的西方民主国家还是新兴的民主国家,关键都是要解决本国的问题,所以也就要探索本土的民主形式——顺便说一下,作者认为这也是托克维尔的一个重要思想。

总的来说,上述三种情况的共同前提,都在于不反对民主本身,而仅仅指出民主运作中的技术性弊端,尤其认为西方、主要是美国的民主没有做好,所以才需要调适和创新。这种倾向在中国也普遍存在、甚至更加突出,也就是常常见到的一些说法,比如民主体制还需要进一步改革、民主机制还需要进一步完善之类。同样,各种赞扬"中国模式"的说法几乎都不是指中国的民主,而是不得不承认中国、中共的强大和实力,还有不断创新的生命力。但是,强大、实力以及创新都和民主不是一回事,相反,多数看法甚至仍然认为中国的强大正在于它的不民主,比如还是福山,说中国真正缺少的是党的层面的法治。当然,福山只是个典型实例,不过,这种承认中国正在强大却不承认中国也有民主、或者说有一种中国式民主的情况,和另一种现实情况倒互为表里,即"中国模式"到底指什么其实仍是不清楚的。

从上述三种对民主的批评,可以很清楚地看出为什么民主已经成为一个要不得的标准的主要原因。

其一,民主作为标准话语的含义理解本来就是不一样的,而且一些大牌的学者和政客甚至故意引发歧义。比如前面提到的马斯泰罗内就曾经总结说,资产阶级民主与无产阶级或社会主义民主"是不能混淆的",因为前者认为,"在理性和具体方面,民主同自由的思想不可分割地联系在一起",而后者则断言"没有平等,民主是不可想象的,而且任何不打算实现社会、经济地位平等的制度都不是民主制度"。① 因此,尽管自由和平等不可分开,也就是没有自由就无法讲平等,而在被不平等对待的境况下也不可能有自由,但这两者的相对区分却表明,自由是为了保护私有制,相对来讲属于资本主义的私有观念,而平等则是公有制的价值观,尽管实现平等的实际形态现在仍很难说清楚。

其二,被承认的东西能否作为民主的标准是很难说的,而且

---

① 〔意〕萨尔沃·马斯泰罗内:《欧洲民主史——从孟德斯鸠到凯尔森》,黄光华译,社会科学文献出版社 1994 年版,第 396 页。

从实际情况来看,表面上被恭维的东西并不等于被承认是具有民主特性的。全世界都说(其实是不得不说)中国的强大,但却并不都认为(尤其在西方看来不认为)这种强大是一种民主,甚至认为还有很多方面是有悖民主的。比如,英国诺丁汉大学中国政策研究所所长尼夫·霍雷曾写文章说,"中国模式"值得西方学习,但他所说的"中国模式"主要指的是"中国式的集权资本主义",而且还说对于大多数人来讲,这种中国模式并"不具有说服力"。霍雷的这种说法看似矛盾,其实也很好理解:"没有说服力"指的就是中国的制度并不是民主制度;而"集权资本主义"的确切含义并不清楚,无非一方面仍是指中国政治的不民主(集权),另一方面则是说中国的经济成就正是它向西方(资本主义)学习的结果。① 如此说来,在这方面真的是偏见比无知还可怕,所以也就不值得对此做更多的评价了。

其三,出于误解、利益和偏见,所以一直就在理论上宣称并在实践上坚持一些错误的观点和做法。这方面的情况有些复杂,但所有问题的关键在于,不管是理论还是实践,如果民主并没有好处、或者说不能给社会以及大多数人带来稳定和安康,那又要民主干什么。就当今世界来看,不断有国家和地区因为搞民主而导致战乱和动荡,即使在民主国家,贫富差距等社会不公也越益加剧。造成这种结果的原因肯定很复杂,不过就学术界或理论界的情况来讲,就是明明知道原因在于民主的弊端,却还要为了不谈及,或回避统治阶级的利益而坚持一些错误的理论命题。比如,现在的一个极大错误,就是把公民社会当作民主政治的前提和基础,而且为了找一个权威的学术根据,就说这是托

---

① 该文章见《参考消息》,2015年7月21日,第14版。

克维尔在《论美国的民主》中提出的理论。

实际上,托克维尔是讲所谓"民情论"的,而且也正因为如此才把他自己所论的东西叫做美国的民主,认为美国政治制度产生的一大根据就在于"民情"。那么,不难理解的是,如果在"民情"(包括历史、文化、地理等因素)不同的地方(主要指国家),没有公民社会而出现民主、或者出现另一种不同于美国(也就是西方)的民主、甚至干脆不需要民主等情况也都是可能的。但是,托克维尔却从来也没有得出这个本该得出的结论。另一个错误就是认为,民主是中产阶级带来的,其根据主要在于摩尔《民主和专制的社会起源》表达的一个观点或结论,即没有资产阶级就没有民主。[①] 事实上,一方面,资产阶级并不等于中产阶级,而与寡头民主和精英民主不同的公民民主化更应该是1848年二月革命以后的事情了;另一方面,当今仍不乏有反对民主化的中产阶级,比如这两年泰国频仍上演的街头抗议就是这种情况。还有一个错误是以为民主有利于民族和解,但是,这个错误更与事实明显不符。比如,当今近200个国家即使不都是民主化的结果,也是伴随着民主化进程而产生的,但是它们当中大多数(如果统计的话半数总是有的)面对的共同和最大问题,恰恰就是民族矛盾和冲突。

由上可以看出,如果继续坚持民主这个标准,互相各方之间毫无意义的和随意的指责就必然会成为合理的常态,其结果只会带来政治浪费和社会动乱以及经济衰退。就文明的历史来讲,800年(从1215年大宪章开始)当然不算长,但是在现代社

---

[①] 〔美〕巴林顿·摩尔:《民主和专制的社会起源》,拓夫等译,华夏出版社,1987年版。

会、尤其是各种技术都在加速度更新换代的时代,民主的调子却越唱越高,这种情况本身就是一大怪事!

毛主席说过,"人到老年就要死亡,党也是这样。阶级消灭了,作为阶级斗争的工具的一切东西,政党和国家机器,将因其丧失作用,没有需要,逐步地衰亡下去,完结自己的历史使命,而走到更高级的人类社会。"[①]社会主义公开主张消灭阶级,包括所谓民主本身的消亡,所以从逻辑上讲,它的政治制度既不担心、事实上也不会因为"老了"而死亡,而是生成另一种新的创制。因此,中国特色社会主义已经公开宣称,各国都有选择自己政治制度(当然也包括民主形式)的权利和自由。这一主张包括两层含义。直接含义在于,不同的政治制度可以各干各的,但底线是不要互相干涉;潜藏的含义在于,不论是手段使用带来的历史惯性、还是主流话语的强势压力,总之高唱民主在社会主义已经成为迫不得已。

资本主义则不同,它不但仍用民主来保护私有制,而且总是要把自己的价值观和意识形态强加给别人。殊不知,这种情况恰恰表明西方民主既衰落又蛮横的丑恶嘴脸,因为如果这种民主真的实现了,就应该平和地走向消亡,反之,正因为既没有道理也没有办法真正实现民主所以才气急败坏。因此,不难理解的是,资本主义也有它的迫不得已,就是在民主的运作上不得不处处采取卑劣的双重标准:一方面,把保护私有制的作用藏起来不说,但却真实地用在自己身上;另一方面,把道义为善的价值观不加前提地抽象出来,但只是用来要求别人而不是自己。

简括地说,把民主本身作为政治文明的标准有几大害处。

---

[①] 《毛泽东选集》,1991年版,第四卷,第1468页。

首先是道理不通，造成混乱，也就是各方都在维持一个空洞的、甚至是随心所欲的"民主"，从而只能是毫无意义地乱吵。其次是武断专横，说来说去那标准还是西方的、也就是美国的标准。其实自二战以后，美国的民主确实已经成了楷模，至少是成了西方世界的楷模，但现在的问题是美国还要全世界都来认同它的民主和意识形态，包括理论和实践。第三是到处添乱，既不讲目的或价值何在，也不承认没有民主并非就一定是在搞专制、就是罪过，至少逻辑上讲是如此。结果就是一切麻烦由民主生出，一切罪恶借民主正名。

## 4．小结

有关民主的理论很多，角度或观点也各有差异，比如自由主义的、个人主义的、天赋人权的、社会契约的、新自由主义的、社群主义的、以及社会主义的等等，而民主的历史和现状更是内容繁杂、丰富多样。但是，无论几乎所有人都看到的、经验到的事实，还是各种理论本该得出的结论都在于，民主具有道义虚伪、价值败坏、以及效能减损等主要害处或坏处。人们之所以假装不知道或不承认这些，一是因为误解和偏见，另一则是出于胆怯，生怕由于揭开了民主的丑陋而毁了自己的文明。

其一，掩去前提，自欺欺人。这个前提就是维护私有制。不管私有制是否应该维护，总之这个"应该"与否的根据并不是民主，相反，民主不过是这种维护的手段，或者说是出于这种维护需要而产生的结果。现代民主把维护私有制的根据放到人权上，从而认为私有制就是政治经济学意义上的平等权利。但是，人权只在反对神权的历史意义上是真实的,而不仅不存在抽象的人权,也从来不存在事实上的平等。因此,一旦没有了前提,结果就成了原因,也就好像民主本来就是很应该、很合乎道德的价值理念和政治制度似的。

其二,话语霸权,制造矛盾。由于资本主义民主在话语体系上的主流地位和霸权优势,完全忘记或故意忽略了资本主义和社会主义两种民主的不同,导致和巩固了各种(政治的、学术的、意识形态的、日常生活的)误解、偏见和矛盾,社会主义民主本来就是一种创制,或者应该说是和民主与否无关的另一种政治制度,却不得不在资本主义的话语体系内来表达自己的意思,而且还得不到资本主义民主的承认。其实,这种违背事实和制造矛盾的话语霸权所掩饰的,正是卢梭早就指出的民主之不可能成立的困境①,所以就用各种自由主义来迁就人的惰性,讨好人的私欲。②

其三,随意标准,藏污纳垢。资本主义自己的业绩不佳,还要强作文明标准,到处推行它的民主;社会主义则另搞一套,嘴上却也按自己的需要把其政治制度说成是民主的,而不管与其他国家的理解是否一样。这样一来,作为政治文明支柱和标识的民主其实只不过是虚幻的巴别塔,③只能任由不可通约的自

---

① 卢梭:《社会契约论》,何兆武译,商务印书馆2009年版,第84页:"就民主制这个词的严格意义上而言,真正的民主制从来就不曾有过,而且永远也不会有。多数人去统治而少数人被统治,那是违反自然的秩序的。"
② 〔美〕约翰·凯克斯:《反对自由主义》,应奇译,江苏人民出版社2003年版。
③ 巴别塔(Babel),出自圣经故事。诺亚的后裔要建一座城市和通天塔,耶和华弄乱了他们的语言,于是他们言语不通、四散迁徙,结果城和塔终于都没法建成,"巴别塔"也就成了嘈杂、混乱和无望的意思。

说自话成为随意的(其实是根据实力而来的)衡量标准,从而导致各种纷争和麻烦。因此,民主本身作为制度的好坏和价值善恶的标准根本不合用,它或者成了无前提的随意,或者造成各种新冷战的相互指责。事实上,民主不仅已经成为制造混乱的空洞道理,而且也无助于经济增长、政治开明和社会稳定。

由上,民主在今天几乎已经成了文明的万恶之源。奴隶社会一万年、封建社会两千年,都没有了;资本主义社会八百年、社会主义社会一百年,两者都在,但两者嘴上都主张的、却又各自含义不同的民主,则真的可以休矣了。

# 第二章　民主政治的悖论

如果说,上一章是从经验层面分析民主自身的境况,那么这一章似乎就是纯理论问题了,即指出"民主"在"政治"中的位置,从而揭示民主自身的逻辑谬误。民主一直是被作为政治范畴来理解和使用的,但是,民主政治的悖论恰恰在于,民主与政治特性并不相符,而且从民主的存在有碍于政治特性的实现来讲,选择民主是不值得的。由此,这一章侧重的是民主的结构特性,即民主与政治的关系。简括地说,这种关系是疏离的和破坏性的。所谓疏离,就是没有必然联系,即尽管民主一直被当作政治范畴,但政治并不因为有了民主才成立;所谓破坏性,就是违背规律(如果政治作为一项人类活动是有规律的话),即"民主政治"其实从来就不存在。因此,政治和民主本来就是矛盾的:如果民主属于政治范畴就会导致混乱,而如果一定要把民主算作一种政治形式,那么它的基本功效就在于政治浪费。

民主被视为当今政治的核心议题主要有两个原因,一个是理论的误解,另一个是现实的偏见。现行有关"民主政治"的学说或理论把自由和平等的合理性(甚至真实性)归结为个人生而具有的权利,其实也就是利益的支配权,所以必然认为存在着一些基本的利益因素,而民主则是对它们的安置和处理方式。然而,不仅这种理解在逻辑上有问题,而且在论证方面尤其体现为一种奇怪的计算方式。

比如,公共利益是个人利益的总和,而个人又总是最了解自己利益的,所以只要能让每个人都自由地追求各自的利益,就能实现作为最大多数人利益的公共利益。这就是民主一方面把自由作为自己成立的根据、另一方面自己也起到了维护自由的作用的道理。又比如,个人并不了解整个经济活动(也就是市场),但如果允许每个人能用最低的价格买东西而用最高的价格卖东西(也就是获得利润),那么社会就能够实现利益的最大化。这就是民主一方面把平等作为自己成立的根据、另一方面自己也起到了实现平等的作用。但是,上述两个公式里的数量换算根据一直是不清楚的,因为很可能恰恰是每个人的自由和平等无论在要求还是内容上都是相互抵触的,所以其总和可能为零、甚至负数。于是,民主理论又总是加了一项保证,叫做教育,理由是教育不仅可以提高智力和知识,尤其可以教人学好、有道德。事实上,正是"教育"才谈到了政治,因为它是有导向的,而前面两个奇怪的数量换算则丢弃了政治,竟误以为这就是政治了。但是,教育是什么?教育什么呢?难道这不就是和民主所反对的"人治"或者"德治"几乎一样的东西吗?如果是这样,把教育抬出来就已经表明了民主的失败,而且是失去了、或自我放弃了政治属性的失败。

民主政治的悖论可以用意思一样、但角度相反的两种方式来表述。表述一:少数服从多数是民主的,少数服从多数是不民主的;表述二:保护少数是民主的,保护少数是不民主的。不过,为了理解这个悖论的针对性,不得不先用很大篇幅来讨论真实的政治含义是怎样在相关的活动中生成的,从而才能合乎逻辑地指出(甚至是很容易就看出)民主在政治中的位置。

## 1. 政治内容的生成过程

对于政治的概念定义,各种教科书以及百科全书的表述并不一样,不过大致可归结为三类。一类是从权力角度讲的,也就是关于权力是怎样运作的学说,如果把国家作为主权的共同体,也可以叫做国家学。这一类的历史比较久远,或者说,"政治"这个概念从一开始到现在都与权力或国家直接相关。另一类大致是指围绕公共利益或公共资源分配所进行的一些决策性活动。这一类自诩为"科学"的角度或观点,其实近似于对既有政权、尤其是政府职能及活动的描述。还有一类是综合性的,既讲权力和国家,也讲公共利益、公共资源和相应的组织,而且将这些因素赋予了阶级属性,或者把政治归结为阶级斗争。社会主义对于政治的理解大体属于这一类。①

如果将上述第三类作为马克思主义对政治的理解,那它的确与其他任何政治观都不同,而最根本的就是阶级斗争观点。也许是为了找到各种说法的共同之处,俞可平对政治概念的定义表述突出了政治行为和活动的特征:"概括地说,政治就是关于重要公共利益的决策和分配活动。与其他人类行为和社会活动相比,政治行为和政治活动具有公共性、全局性和权威性三个

---

① 不可能在此都列出所有这方面的著述,有代表性的主要几种可参见王浦劬:《政治学基础》,北京大学出版社1995年版;王邦佐等:《新政治学概要》,复旦大学出版社2004年版;杰弗里·庞顿和彼得·吉尔:《政治学导论》,张定淮等译,社会科学文献出版社2003年版;迈克尔·罗思金:《政治科学》,林震等译,华夏出版社2001年版;劳伦斯·迈耶:《比较政治学》,罗飞等译,华夏出版社2001年版。

显著特征。"①

事实上,之所以很难对政治下定义,根本的原因在于真实的政治是需要前提的,而且具体的政治内容是依据不同的情况以多种方式生成的。比如英国政治哲学家迈克尔·欧克肖特就说过,"政治首先可以被认作一种实践活动,它关系到对某种形势——政治形势做出回应。""因此,可以说,政治是回应事情状况的活动,事情的状况已经被认为是选择的产物。"②欧克肖特用"政治形势"来说明"政治",或者说将此作为政治特性的构成因素之一,已经是逻辑上的定义自我论证或循环论证了。但是,这种情况也许恰恰表明了政治存在和成立的一个必须要求和突出特征,即对前提、情境以及(尤其是)反应或反馈的依赖。

不过,就这里要讨论的问题、即民主在政治中的位置来讲,特定的概念定义并不重要,因为只要各种定义都把民主作为一个政治范畴来对待就行。换句话说,我们把人类活动分为各种不同的领域只是为了识别方便,比如主要的有政治、经济、社会、文化、环境等。显然,这只是学科分类角度的一些类概念,而其划分的主要根据或标准应该是不同的存在性质和活动功能。但是,至少从逻辑上讲,这些类概念的具体内容往往是悬置的,因为只有这样,不同内容的活动才可能在类概念的意义上被归为某一相同的领域,或者反过来讲,同一领域中不同、甚至相反内容的共存、矛盾、斗争、以及转化等现象才是可能的或可理解的。

因此,对于认识、理解和运作政治来讲,说明政治内容生成

---

① 俞可平主编:《政治学教程》,高等教育出版社2010年版,第2页。
② 〔英〕迈克尔·欧克肖特:《政治中的理性主义》,张汝伦译,上海译文出版社,2003年版,第61页。

和确定的过程尤为重要,因为真实的政治内容从来就不能仅由它的自我宣称来确定。比如,建设社会主义是一种政治行为,但各种"社会主义"的内容相去甚远、甚至相互对立,比如纳粹也自称是一种社会主义(即所谓国家社会主义),而其实质却是反社会主义的。又比如,"中国特色"的内容含义是需要解释的,但"中国特色社会主义"的真实含义并不在于这种社会主义是具有中国特色的,而在于它就是当今的社会主义,或者说是科学社会主义发展到今天的阶段理论和实践形态。政治内容的悬置还体现为宣称旨向的转换,因为具体的内容往往不必要、其实也不可能用某一个概念来说明。比如,"科学发展观"就是一个中性的表述,从类概念的划分来讲,它可能属于经济、社会等不同领域,甚至也可以属于更高位的、也就是统领各个领域的学科范畴,比如哲学领域的认识论。但是,当把"科学发展观"作为治国理政的指导原则时,它就同时成了纯粹的政治命题和相应行为,而这种命题和行为的旨向及具体内容仍是需要解释的。

由上可以看出,无论从政治学研究还是现实的政治运作来讲,都有必要说明具体的政治内容是怎样生成和确定的。同样,也只有先弄明白政治内容是如何生成的,才能够从结构的角度理解民主在政治中的位置,并进一步讨论民主与政治的关系。对此,本节分析讨论的方面和环节包括政治活动的基本载体、各载体的职能或功能的机制关系、政治功能实施的过程、政治运作的实效反馈、以及政治内容的生成和确定等。

为了方便讨论,我们按照逻辑展开的轨迹或和途径分为三个层面来讨论。

第一个层面是本体论的,即政治内容生成的结构关系,包括各种要素的整体活动或运作过程。政治内容的生成同时也是一种功能实施的过程,即预先设计的政治需要通过相应功能的运作和反馈才能获得、并体现其真实的或具体的内容含义。不难理解的是,功能实施需要相应的载体形式,而不同载体承担着不同的职能或功能,并由相应的功能关系维系着政治的一般或常态运作机制。对此,可以先用图1来表示政治内容生成过程的结构关系,然后再针对图示做相应的说明。

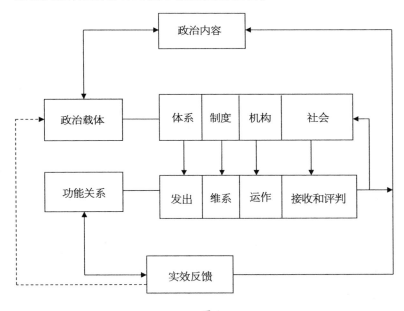

图 1

整个过程包括政治内容、政治载体、功能关系、以及实效反馈四个基本结构部分,相互之间的连线和箭头所表示的,是这四个部分的结构关系及相应的功能作用和路径方向。需要指出的是,分别说明这四个部分只是为了表述方便,而说明的顺序也只是一种逻辑的预设,实际上这四个部分不仅同时共存,而且相互影响。

其一,关于政治内容。

尽管从功能确定和实际作用来讲,具体政治内容的生成是在各种实施过程中确定的,但是从发生的角度讲,政治内容从其存在的开始就设置了它的载体和功能。这样讲的道理并不难理解,因为不管分类或区别的标准是什么,总有一种叫做"政治"的活动及其相应领域,否则关于什么叫做政治的追问就将陷入先有鸡还是先有蛋的无解循环。因此,如果政治生成是一种不断循环往复的过程,那么,图中"政治内容"所标示的结构位置就是某一整体过程的开端和终端。作为开端,由于确定的政治内容还处于悬置状态,所以可以将此看作是一种"预设的政治";作为终端,经由相应的载体、功能、以及运作实效等环节的作用和反馈,政治的真实或具体内容得以生成确定。当然,整体过程中的各个环节及因素也可以构成不同开端和终端的结构关系,而且根据不同的情况体现出相应的以及丰富多样的作用、方式、路径、内容。

其二,关于政治载体。

虽然处于过程开端的政治内容还是"预设"的,或者说是一种悬置状态,但是从功能来讲,政治活动必然要求相应的载体。因此,不难理解,这些载体是由政治主体自觉设置的,或者说,政治内容的"预设"就包括了对政治载体的设置。从结构特征来讲,图中列出了四种政治载体,不过它们的设置根据大致包括两个方面。一个方面是运作的功能需要,其载体主要包括体系、制度和机构。事实上,这些载体所承担的,就是一个共同体(主要指国家)政治运作必不可少的基本功能。另一个方面是客观存在,也就是社会。所谓客观存在,是指任何政治活动总是在具体的社会中进行的。但是,社会并不是一个中性的空间,因为不仅社会的状况直接影响到政治预期的实现,而且社会也是政治运作的基本领域和服务对象。因此,作为客观存在社会并不是政治主体设置的,但同样也可以成为一种自觉选择的结构性政治载体。尽管不同的载体各有其相应的基本功能,不过从结构上讲也有相对区分的形态特征,比如体系是理论形态,制度是机制形态,机构是实体形态,而社会既是实体形态也是观念形态。

其三,关于功能关系。

功能关系指的是维系政治运作的一般或常态机制,不同的职能或功能由相对区分和固定的各政治载体来承担。换句话说,尽管政治的具体功能包括很多方面,但是从载体的设置来讲,各种功能可以大致分为一些相对专门的旨向类别,并由此构成相应的功能关系。由于体系承载的是统领性的政治理念,比如某某"主义",所以相应的功能主要是政治发出,也就是事关方向、道路的基本原则。制度承载的是依据体系要求所制定的各种基本的系统规范,所以相应的功能主要是政治维系,也就是某一共同体的政治特性。机构是各种政治职能的实体承载形式,所以相应的功能主要是政治运作,也就是具体任务的操作或落实。社会作为载体的情况比较复杂,即它既是政治的运作领域、也是政治的服务对象,所以相应的功能主要是政治接收和评判,也就是说,一方面政治作用最终总是针对社会而具有真实含义的,另一方面社会本身的状况也随时影响着这些作用的实现效应。

其四,关于实效反馈。

由于政治内容的生成需要经过各种运作的实际效果反应,所以实效反馈不仅是政治内容生成的主要根据,而且它在这种生成过程中的结构位置也是不固定的。换句话说,政治生成的每一个环节都是一种发出、接收、实施、以及起到实际作用的循环过程,所以"预设的政治"总是根据不同的反馈来形成并调整它的真实内容。不过,实效反馈在形式上也可以分为几种主要的基本路径。一种是整体效应及其观点向具体政治内容的转化生成,在图示中就是"实效反馈"向"政治内容"的箭头连线。另一种是"功能关系"和"实效反馈"之间的箭头连线,很显然,由于各种效果都直接来自功能的实施,所以这个路径表示的是两个方面的相互作用或互为反馈。第三种是过程中间的相互作用,也就是图示中"政治载体"各部分和"功能关系"各部分构成的循环箭头连线,而且这种相互作用也汇入"实效反馈"指向并影响"政治内容"的生成。第四种是相对间接的反馈路径,比如,由于载体主要由预设的政治来设置,而其作用是由相应的功能来体现的,所以各种实效反馈对载体的影响也相对间接或不太明显,在图示中就用虚线来表示。

现在来说第二个层面,也就是说,在弄清楚政治内容生成的整体过程的结构关系之后,接下来就可以合乎逻辑地指出真实的和具体的政治内容得以产生的主要形态,即主要由政治载体及其功能实施所体现出的具体政治内容。

相对说来,上述图示描述的是政治内容生成过程的结构,现在要说的是相应的功能作用和形态。尽管"实效反馈"可以直接达至并影响"政治内容"的具体生成,但从逻辑上讲,整体过程的运作是由预设的政治对政治载体的设置为开端的,并经由"政治载体"和"功能关系"的自循环达至或形成"实效反馈"。同样,除了直接的影响作用,"实效反馈"还通过"政治载体"和"功能关系"的自循环与"政治内容"相互影响或互为反馈。因此,政治生成的具体内容和相应机制实际上主要是由政治载体及其功能的情况来体现的。

在整个功能实施过程中,不同载体和相应功能还自构成一个反馈循环。作为政治内容的生成和确定的途径,这个循环包括两个方向,一个方向是在功能上汇入实效的直接反馈系统,另一个方向是在结构上将直接的和间接的反馈聚集到载体。一般说来,由于预设的政治内容必须经由各种中介或环节才能实施,所以它并不直接具有实效;同样,尽管实效反馈可以直接达至政治内容,但其作用往往受到、甚至取决于各中介或环节(也就是载体和功能的自循环)的制约,比如包括观念导向、制度规范、体制改革、机制创新等各种因素。

由上可以看出,"政治载体"和"功能关系"的自循环是政治活动的主要领域,所以也是生成政治内容的主要作用机制。显然,对于政治内容的生成来讲,各种活动所起到的具体作用是不一样的,不过从机制路径来看大致可以分为两种情况。一种情况是具有"专门"政治属性的活动,也就是它们都比较直接涉及权力运作或权力资源配置,主要由体系、制度、机构等载体及其功能来体现。另一种情况是具有"一般"(或非专门)政治属性的活动,主要由社会领域或层面来体现。这样讲的根据在于,"社会"这个载体的功能是"接收和评价",它不仅本身就是一种反馈作用,而且从上述图示可以看出,它的位置距离总体的"实效反馈"最近,或者说,"政治载体"和"功能关系"的自循环可以经由它汇入"实效反馈"并对政治内容的生成产生作用。

因此,在"政治载体"和"功能关系"的自循环中,生成政治内容的作用机制主要由"专门政治"的情况来体现,也就是体系、制度、机构等载体及其功能的基本关系。但是,这并不等于"社会"这个载体及其功能不重要,恰恰相反,上述自循环中的专门政治和一般政治的转化往往是经由、甚至就是在社会层面或领域进行的,只是为了表述方便,我们先分别讨论体系、制度、机构等载体,然后再对社会这个载体、并将其作为实效反馈与政治内容生成的一个维度放在稍后的第三个层面一并讨论。

简括地说,政治体系就是政治活动的指导思想,比如在中国,这个体系就是马克思主义,以及毛泽东思想和中国特色社会主义,所以作为载体,体系的基本功能是发出政治导向、原则和要求。在这种情况下,体系对于政治内容生成的作用既是普遍统领性的,也是特定针对性的。所谓普遍统领,指的是体系在政治生活中的最高位置及其功能刚性,也就是制定并坚持政治理念和导向;所谓特定针对,指的是对不同政治主体的相应要求。比如,中国特色社会主义理论体系是普遍统领,但接受这种统领的具体主体(组织或个人)不一定要在政治理念上赞成这个体系,只要不做与之相悖的破坏行为即可。因此,最高位置和最具刚性的政治体系能否成立,其实往往取决于最起码的、或者说最低水平的政治认同状态。从结构的普遍性来讲,由于各种政治活动在性质上总是分属于不同的体系,所以体系所提供的是政治生活最真实的社会空间。从功能的特殊性来讲,各具体的政治活动不仅可以有自己的体系所属,而且可以在同一个体系中共存、甚至为着同一个目标行为。比如,无论从普遍还是特殊来讲,中共的统一战线都是体现这种结构性功能的最典型实例,其中政治体系的目标实现主要取决于专门政治和一般政治的转换机制及实效反馈。

政治制度主要指能够相对规范地约束共同体各政治领域和主体的运作和行为的功能性机制。一般说来,制度是根据体系的要求来设置的,而且至少由于两个原因,制度本身具有比较固定的形式。其一,为了便于实施,制度不可能朝令夕改,即便是调整和改革,也需要一定的法定程序,而且总是以原有制度的延续为基础。其二,即使在暴力革命等特殊情况和时期中,不仅也需要适合这种特殊情况的相应制度规范和功能,而且其目的也是尽快建立新的制度。因此,"预设的政治"以体系的形式发出后,制度就是政治预期的主要维系和功能机制。但是,并没有什么理由能够保证制度的实施情况与政治发出的预期相一致,换句话说,这种情况作为一种自主功能与政治预期具有互为反馈的关系。就对于形成政治内容的作用来讲,这种互为反馈的真实含义,就是制度实施的张力,即可以在一般政治的意义上接受和运作专门政治。比如,"改革开放"本身就是最大的制度张力,所以就全面深化改革开放的具体内容来讲,专门政治和一般政治的转换是随处发生的。比如,国有企业可以在所谓"现代企业制度"(一般政治)的名义下和西方资本主义经济制度(专门政治)"接轨";也可以在民族情感象征(一般政治)的基础上,将"一国两制"(专门政治)纳入或增设为基本政治制度的范畴。

　　作为专门政治的载体,机构是政治运作的实体单位,有其相对固定的结构,包括级层序列和职能系统。但是,在政治内容的形成方面,机构是以专门政治和一般政治的共存来起作用的。这种共存大致包括三种情况,而且各自都有成文的法律规范。一种是专门政治机构在职能上包括并统辖一般政治的功能,比如政府,它的倾听公众抱怨、化解社会矛盾、应答舆论质询等工作都属于一般政治,甚至所谓"服务型"政府也是由专门政治职能延伸出来的一般政治功能形态。另一种是专门政治和一般政治在同一个机构中的混合并存,比如工会、妇联、共青团等"人民团体"。从结构序列的排他性来讲,这些都是专门政治机构,具有"准政府"的特性;然而从实际职能来讲,它们的工作对象和运作内容基本上都属于一般政治的范畴。还有一种情况比较复杂,即需要根据机构设置之外的其他因素来确定其职能的专门政治或一般政治属性及其相互转化。比如村民委员会,它不是一级政府,但却用来填充人民公社制度废止后的权力(包括政治和行政)真空;它是管理内部事务和对外打交道的自治组织,但却要完成"上级"(包括党和政府)交办的各项"任务"。

第三个层面就是由实效反馈来支持或体现的政治内容的生成。上述政治载体及其功能的情况已经表明,在政治内容生成的过程中,各种转化的主要根据都在于相应的实效反馈,也就是发出预设与运作效果的相互作用。但是,从抽象的意义上理解这种相互作用并不困难,问题在于如何认识和把握政治内容生成中专门政治和一般政治的转化,因为正是有了这种转化生成,不同政治领域和主体(比如国家、社会、团体、个人等)才可能求同存异地认同和运作真实的政治内容,而这也正是本文讨论政治内容生成过程的主要现实意义。

由于实效反馈的结构位置并不固定,而且各种反馈的作用及其政治刚性也不一样,所以从普遍性来讲,各种实效反馈对于政治内容生成的作用根据或运作机制,就在于专门政治与一般政治的转化。从相互作用的领域来讲,各种转化大致也可以分为两种情况。一种就是"社会"的情况。从上述作为政治载体的一个方面的"社会"来看,其结构位置和功能关系的相互作用或互为反馈显然具有专门政治的特性;而从作为政治活动的真实空间来讲,社会层面的"实效反馈"其实也就是一般政治的主要活动领域。另一种就是体系、制度和机构等领域的专门政治与一般政治转换情况。当然,这两种情况的领域区分也是相对的,因为不仅体系、制度和机构也都处于真实的社会中,而且这些载体还在功能上与包括"社会"层面和因素的"实效反馈"构成整体的相互作用关系。

尽管具体的政治内容很多,不过生成这种内容的作用或机制特征,就在于政治预期和实效反馈的关系处理。一般说来,政治预期的实现受到实效反馈的制约,而实效反馈的要求须由政治预期来选择,政治内容的生成过程,就是这两者关系的体现,包括合力、矛盾、平衡、妥协等多种因素。显然,这个过程无论出现什么形态,比如循环往复或发展跃迁等,从逻辑上讲都不会完结,但是,作为某一阶段的结果,也就是真实生成的政治内容,一般总是可以做出相对固定和比较明确的相应表述。对此,我们用两种情况来做实例说明。

一种是具有普遍性的政治情况,就是阵营的划分和矛盾的转化。

事实上,政治的本质在于权力的运作,所以总是体现为对于权力的获得、相应实力的增进以及政治认同的维系,而所有这些,在行为主体来讲就是阵营的划分和矛盾的转化。阵营的划分,就是弄清楚敌、我、友,并且增多我和友的数量,加强由此构成的阵营的实力;而为了达至和保持这种数量和实力的优势及行为实效,就需要自觉处理相应的矛盾转化。对此,最大的阵营就是"人民",而最根本的矛盾转化,就是尽可能不让人民内部矛盾激化为敌我矛盾,并使敌我矛盾弱化为人民内部矛盾。

针对上述需要,阵营实况和矛盾转化的实效就成为政治内容生成的普遍性根据。换句话说,这种实况和实效作为随时存在的反馈,一方面制约了政治预期的实际内容,另一方面也在不断地调整和选择中生成真实的或具体的政治内容。在这种关系中,生成政治内容的主要参照因素和基本功能机制,就是对于"友"的把握、处理或运作。这样讲的道理在于,无论从政治预设还是现实状况来讲,"敌人"与"我们"的界限及阵营都是相对清楚的,所以不仅力量对比、而且生成政治内容的真实过程都在于"朋友"的站位取向,包括态度倾向、认同程度、以及实际行为。因此,尽管敌、我的划分不是绝对的,但划分的参照却是朋友。一方面,朋友所处的是敌、我之间的广阔空间,而正因为这个空间的政治色彩是"灰色"的,它也就成了敌、我各方可能达成一致或妥协的根据参照;另一方面,敌、我各方在数量和力量的转换方面主要取决于朋友的态度和实际加入,所以才会有"得道多助、失道寡助",也才会有民主选举中的"拉票"。

在上述情况中,实效反馈与政治内容生成的关系就体现为专门政治和一般政治的转化机制。比如,国民党和共产党的敌我矛盾属于专门政治,而民族情感则可能体现为一般政治,于是,这种一般政治就可以转化为两党共同抗日的专门政治维系因素,从而形成包括众多"朋友"在内的最广泛的抗日民族统一战线,并由此生成真实的或具体的政治内容。又比如,学校某个班级的正常开会可能与政治毫无关系,但如果其中有人议论国家大政方针,就可能使会议具有一般政治的性质;如果这种议论引起不同观点的争论,或者班长从国家政治导向的角度加以批判,会议就可能具有专门政治(比如意识形态维护)的性质了。这时候,如果争论维持在学术或一般政治的层面,那么尽管可能并没有认同的结果,与会者仍然会在"朋友"的意义上属于同一个阵营,而真实的政治内容也就属于"人民内部矛盾"范畴。但是,如果因为达不成共识而有人跑到大街上游行、并宣传与国家政治方针和导向相反的主张,那就完全属于专门政治的性质了,而且还可能成为敌我矛盾。

另一种是特定的政治情况。"预设的政治"具有明确的要求,但不仅这些要求的落实仍取决于具体运作的实效反馈,而且要求的内容也是经由普遍的或高度的认同才具有真实性的。

比如,仅从字面看,"以经济建设为中心"并不具有政治内容,但作为国家的大政方针它的确就是第一位的政治要求。在这个意义上讲,这句表述的真实内容或含义是悬置的,需要经由一些运作和反馈才能生成并确定。因此,它的政治内容在由悬置到确定的生成过程中也有着相对区别的实际含义和作用。作为政治发出,它表示的是一种政治体系的要求;在制度设计上主要是中国特色社会主义的民主政治和市场经济;相应的机构及其运作主要体现为服务型政府;整体机制在于如何合理有效地处理改革、发展、稳定等基本功能关系。

同样,在上述特定情况中,实效反馈与政治内容生成的关系也体现为专门政治和一般政治的转化机制,即为什么要,以及如何以经济建设"为中心"。本来,经济建设并不是政治问题,但是作为党的基本路线,其专门政治的真实含义应该在于摈弃"以阶级斗争为纲",而其作为一般政治,就体现为全国上下以及社会各方都把为经济发展做努力当成响应党和国家的号召。这样,不仅经济活动具有了一般政治的特性,而且还使各种属于专门政治的体制改革成为经济发展的必然要求和功能机制。因此,如果对于上述各方面的实效反馈是正面的、积极的和具有高度认同的,那么"以经济建设为中心"所生成确定的政治内容,应该就是物质水平不断增长的社会主义共同富裕要求。

事实上,从一般寓于特殊的意义上讲,所谓特定情况不仅具有政治内容生成的普遍性,而且还是这种普遍性的根据。比如,一方面,对于这个"为中心"的认同与否既是阵营区分的基本参照,而且阵营的实力也取决于认同的主体数量及整体的认同程度;另一方面,在具有最低认同的前提下,如何实现这个"为中心"的争议也就属于人民内部矛盾的范畴。反过来讲,否定和破坏这个"为中心"的主张和行为就成了我和友的共同敌方,包括阻碍改革的所谓既得利益集团、以及各种腐败行为。同样显而易见的是,正是因为有了"为中心"这个区别参照,不仅敌、我、友的转化就体现为实效反馈的认同状况,而且这个区别参照的专门政治特性也才会对各种一般政治具有最大的包容功能和机制,并由此生成相应的政治内容,包括如何对待那些政治态度并不清楚的行为主体,比如所谓社会主义的"建设者"和"劳动者"。

## 2. 争取多数与民主悖论

由上面的讨论可以看出,政治活动的成立、尤其是真实政治内容的生成需要一系列环节,比如至少包括政治内容、政治载体、功能关系以及实效反馈等四个基本结构部分,其中每一个部分的实际功能都和其他部分密切关联。因此,政治的特性不像许多单向度或对象性以及一次性的活动那么固定,或者说那么容易把握。比如,对于经济活动,只要有买有卖就可以确定无疑地成立了;对于生产活动,用木料做几把椅子也就可以确定无疑地成立了。不仅如此,政治的确定还取决于它是否实行了争取多数的功能、至少是表现出了这种争取的意向或目标。换句话说,至少从真实的内容形成来讲,争取多数的政治活动从结构到功能以及每一个环节都需要这种多数的支撑,尽管形式和程度不同。

就上述经济和生产等活动来讲,不管一个人在买卖行为或生产行为之前、之中以及之后怎么想,或者别人怎么看待他(或她)的行为,都丝毫不会改变这个行为的性质、内容、作用、特征等等。比如,五元钱能买两个苹果、一份木材能做两张椅子,而且一般说来这种情况或量化标准对所有人都是一样的。政治就完全不同了,因为所有意义、包括多数的形成都是可变的。比如,当一个领导人对一份重要文件批示"可以"这两个字时,它的含义可能是同意、赞成、支持、怂恿、迫不得已、甚至一个陷阱,而如果做这种批示是民主程序的要求,或者就是这程序的一项内容或一个个环节,那么它的真实含义同样也取决于"可以"这个政治内容的生成和确定。这种情况不仅具有不确定的延时性,而且能够改变政治性质,比如变敌我矛盾为人民内部矛盾、由专门政治转为一般政治问题,甚至大事化小小事化了地不成为政治问题了。

正因为上述情况的存在,民主对于政治存在特性的判定,以及在政治运作过程中的作用就都是一种多余。具体说来,就是在任何一个真实的政治活动中,从政治的"发出"(当然这只是逻辑上的说法,否则任何政治活动都无法进行)到经过各个环节的反馈而形成"有用的"意义或作用,几乎没有任何办法可以按照"公意"、"同意"、或"多数同意但又保护少数"等原则来进行。换句话说,不仅民主所要求的任何一个原则或标准在真实的政治活动中都是不可能成立的(至少是极为难以实现的),而且甚至连诸如"公意"、"同意"等作为原则或标准的东西是否存在,也是极为靠不住的。比如,一个选民、代表、甚至陪审员在投赞成票时候的想法，与他（或她）在投票之前和投票之后的想法是否一致是完全无法预测和保证的，所以由此而生成的政治内容及其含义和作用也都是随时变化的。在此意义上讲，民主不过是阴谋诡计与轻信、激情与不负责任的杂烩闹剧。

但是，不管如何看待民主都无法动摇政治的一个基本特性，即任何时候以及任何内容的政治都是在争取多数。比如，皇帝讲民心、民主讲选票、中共讲统一战线，等等。问题的关键在于，这些争取活动都与它的性质是否民主无关，就其作为政治来讲，甚至与公共利益的决策和权力资源的分配也无关，因为不仅政治本身不依靠民主而存在，而且除了国家政治（或涉及权力的专门政治）之外，还有很多其他方面的（非专门）政治，它们或者根本没有民主与否的问题，或者是否民主也无关大碍。反过来讲，如果民主的合理性和合法性在于它自身所具有的"多数"代理性或权利让渡的代议性，那么，由于上述"公意"、"同意"、或"多数同意但又保护少数"等问题的不可确定性，这种代理或代议很可能就是另一种披着伪善面孔的专制，包括程序专制。

据说，毛主席认为政治的意思就是把对手（或敌手）的人搞得少少的，把自己的人搞得多多的。不管这一传说是否是真的，作为政治，所有活动的确不仅都希望和必须争取多数，而且政治内容的生成也就是这种多数的争取本身。这并不是对于政治的定义，但却是一个分类学的突出特征，也就是说，除了政治，人类活动的其他领域都没有争取多数的要求，或者说这种争取多数对于政治以外的活动并不是必须的。比如，在经济活动中，多多赚钱是人人都希望的，但是"金钱"这个多数与人这个活动主体的多数是两回事，相反，在金钱数量相同的情况下，应该是分钱的人越少越好。甚至军事也不必须多数，因为兵员和武器的多数是为了打赢战争,但这种数量的多少并不就是打赢战争的必然保证,或者说两者之间并不具有一一对应的正相关系。不仅如此,无论战争输赢与否,对于双方都是必需的一种多数,就是人们对于所进行的战争的正义性的认同,但这已经不是军事问题而恰恰是政治问题了。

当然,各种民主的定义并不一致,不过,至少在逻辑上说,无论从公意、自由、还是人权、契约、抑或正义、平等哪一种角度或根据来理解民主,就其作为政治范畴来运作的共同一点,就是保护少数,否则这些角度或根据就统统成为不可能。其实,从最好的意义上讲,这种情况所表明的也正是一直存在的矛盾,即民主一方面被作为值得选择的价值观和政治制度,另一方面也是最引起怀疑和歧义的东西;从不好的意义上讲,民主就是一套精心编造的谎言(而且仍在越编越精致细密),为的就是保护私有制。因此,为了使相应的分析更加具有逻辑性,同时也更加符合现实,这里并不将保护少数作为民主的概念含义,而是从民主政治运作的突出特征来讨论民主本身的政治悖论。

本来,政治的争取多数并没有道德含义,但是民主不仅宣称主权在民或者人民主权,而且认为现代政治就是民主政治,所以不讲民主的政治就是专制、就是反动派。由此也就不难看出,既然政治的特性在于争取多数,那么从民主同时又要保护少数的角度来讲,这种要求或做法作为政治范畴的悖论性质就很清楚了。具体说来,人民主权无疑是一种多数人的权力,所以民主意味着多数(或者少数服从多数),但是主权本身的根据在于普遍的善(真理、自然状态等),所以又不能以数量的多少为标准。这样一来,被保护的其实不是真实的少数,而是民主的根据。因此,正是在数量的多少与民主互为主词相关,或者说主词的自我相关这个意义上,民主政治的悖论就不可避免了:少数服从多数是民主的,少数服从多数是不民主的;保护少数是民主的,保护少数是不民主的。

当然,出现悖论的原因其实在于一种主词的自我相关。比如,最早的克里特岛剃头匠悖论就是如此,因为如果说话人只是个剃头匠就没有问题了,但偏偏他同时也是个克里特岛人,所以就出现了说话人和剃头匠主词自我相关的悖论:他为克里特岛人剃头他就是剃头匠,他不为克里特岛人(即他自己)剃头他就是剃头匠。同样,民主政治悖论中自我相关的主词就是"民主"和"多数(或少数)",或者说是由数量来体现的政治态势。政治本身不是数量,但政治时刻要争取的是多数本身,或者说必须形成多数的优势,所以少数是被排除的,尽管这并不意味着要把少数消灭掉或不予关照。但是,这种多数如果是合理的,也就是体现了自由和平等权利以及"公意"等原则的做法,所以保护少数的原则本身并无真实的存在,而只是争取多数的补充或特殊形式。

上述说法绝不是一种文字游戏,它所反映的是政治与民主的矛盾,或者换句话说,政治本身是无所谓民主与否的。为此,就需要说明政治的特性、以及真实的政治到底是什么意思,而在我看来这并不是一个清楚明白的事情。不过,通过上一节关于真实的政治内容是如何生成的讨论已经可以看出,由于政治活动是一种客观(当然从不同目的来讲也可以说是一种"人为的客观")存在,所以对政治本身来讲并不存在悖论与否的问题,当然更不依赖是否引入民主概念并具体实施。相反,无论从总体目标还是具体操作来讲,政治的特性都在于争取多数。换句话说,既然民主(包括观念和制度)属于政治范畴,所以如果悖论只发生在民主上面,而不是政治本身有什么问题,那么民主对于政治的害处就是本质性的,或者说是结构性的,因此也就需要在范畴的意义上摒弃民主。

按照上述逻辑,民主政治的悖论,也就是民主之所以与政治相疏离、以及给政治带来麻烦的根本原因,在于民主对于多数和少数关系的理解和处理不仅是有内在矛盾的,甚至民主的多数和少数本身就是一个伪命题。这样讲的道理也很简单,因为对于政治的特性来讲,不管是人数、力量、利益、还是什么期望获得并可以量化的东西,都只是作为多数才具有意义,或者说才是真实的政治形态。因此,政治活动中并不存在少数,所有少数都不过是多数的不同形态,比如潜在的多数、局部的多数等。

实际上,民主之所以要讲保护少数的原因并不在于什么人权、自由之类的漂亮话,而是出于两个考虑。一个是胆怯,生怕对手成了多数的时候会压迫自己。另一个是便于取胜,比如利用各种自由权利集中力量、造成某一时空的多数,包括街头抗议之类。相对说来,前一个考虑可以看作是潜在的多数,而后一个考虑则是局部的多数。但是很显然,这两个考虑本身都是在争取多数,或者说,它们作为政治活动以及所生成或获得的相应政治内容都与民主的少数、甚至是否具有民主特性无关。换句话说,真实政治的争取多数被民主弄成了虚假的多数与少数关系,因为民主在政治哲学上的最终依据仍然是假定一种跟谁都没有关系的善(或者真理、自然状态等等),所以不管多数和少数,他们作为既有理性又有缺陷的(无知的和被蒙蔽的)人,都没有理由宣称自己正确。如果说,由于害怕什么时候自己成为少数而对其进行保护还能算作是一种"己所不欲勿施于人",那么把真理和善悬置起来则是民主的一大骗局。

为了从理论上进一步说明民主政治的悖论境况,我们还需要再次回到政治本身,或者说,按照政治活动的整体形态和各种环节来分析指出相应的民主悖论。对此,"公共利益"应该是一个合适的逻辑起点和分析参照,因为不管如何理解"政治",所谓"公共利益"既是各种看法都涉及到的一个重要概念,也是"民主"之所以成为现代政治的核心内容和主导价值的主要根据。因此,只要指出并说明政治、以及政治内容的生成和相应的每个环节都是争取多数,而不是什么公共利益,由多数和少数关系所体现的民主政治悖论就是不言而喻的了。

其一,从总体上看,对于公共利益的关注并不能保证真的存在公共利益,相反,这种关注不仅直接表明了政治的争取多数特性,而且也证明了阶级观点的真实性。如果存在公共利益,它的假定就是"全体",或者说绝对多数,那么保护少数就属多余的;如果不存在公共利益,创设它就是为了争取多数。因此,不管是否保护少数,少数的存在不过是多数的另一种形态。但是,一方面,整体的公共利益总是由各种具体的、局部的、也就是相对不那么"公共的"利益构成,另一方面,"公共"的实际含义在不同的群体看来几乎永远是不一致的。由此,假定公共利益存在,那么,由于刚才说的那两方面情况,公共利益始终呈现出一种多维的和变动的立体形态,也就是由各种不同的主张及相应实体来构成"全体"(也就是绝对或所有意义上的多数)。如果我们把这个立体形态中所有的不同情况进行归类,然后将它们放入或拉成一个平面,所有的不同就会呈现为等级不同的序列或高低不平的阶梯。这种序列或阶梯就是"阶级",而政治的确就是阶级斗争,尽管阶级划分的依据和具体的阶级形态都是可以、而且的确也是在变化着的(对于这种变化,下文[比如第五章等处]

还要专门讨论)。

其二,从政治内容的生成来看,所有政治就是一套话语,而其真实性则取决于话语理解和认同上的多数。这种情况有些像欧克肖特所描述的,"一切政治论说都可以说是用一套被理解为与政治活动相联系的特殊词汇,去认出政治形势,维护或推荐一种对它的回应。"①在此意义上讲,民主实际上就是利用了这种多数来表示自己的正当性的,而那些可能不理解和不认同的少数根本就不在同一政治话语(或活动)中,所以也就不存在是否要保护少数的问题。换句话说,保护少数就是拒绝某一方参加进来、同时又保留它可以参加的资格,以便在表示了认同之后汇入、并扩大既有的多数,所以真实的少数不过是民主话语的虚构。

其三,无论政治本身、争执的具体内容、还是作为政治范畴或因素的民主,它们都是一种活动或运行过程,所以也就会产生各种相应的环节,比如前面说过的发出、载体、接受、反馈等等。所有这些环节的有效性,或者说它的任务,同样也都是争取多数。除了物理的多数(比如个人和组织等实体)、以及观念的多数(比如同意和支持等),还有一种潜在的和准备性的多数,我把它叫做"社会联结"。正是这些社会联结、而不是任何意义上的民主,为某个活动及其各种环节的政治属性提供了根据。

所谓"社会联结",指的就是人们可以言说和运作政治的各种要素,所以在前述政治内容生成的过程中,社会联结的存在和意义都优先于政治内容。但是,"社会联结"作为政治成立的前

---

① 〔英〕迈克尔·欧克肖特:《政治中的理性主义》,张汝伦译,上海译文出版社,2003年版,第65页。

提只是某种准备性要素,经由对它们的运作,一定的要素才可能转换生成为具体的政治内容。这个原则并不是认识论意义上存在的第一性和第二性问题,而是对政治特性的某种功能性表述;与这个原则相一致、且互为表里的运作机制,在于"政治生成"与"政治维系"的同时共存和相互作用。政治内容得以"生成"的根据,在于对社会联结的划分及其关系处理;现实政治的"维系"不仅以此为前提,而且就体现为运作各种社会联结所具有的意义或所达到的目的。[1]

无论从逻辑还是现实来看,上述情况都体现了"一"与"多"的关系特征。由于具体的政治及其内容取决于对于"社会联结"的运作,所以可以把这种运作(也就是对于社会联结的"连接")看成一种具有普遍性功能的"一",而各种社会联结就是作为政治准备因素的"多"。"一"与"多"的关系在政治中的存在不仅是普遍的事实,而且这种关系可以从各种角度来把握,包括不同的因素和大小多少的量化。但是,就社会政治来讲,连接功能的"一"和联结因素的"多"在本质上并不是一个抽象的辩证关系,而是实在本身的存在形态和矛盾动因。因此,无论在西方还是中国,"一"和"多"所体现的都是权力来源和分配的实在论根据,而敌、我、友的关系转换不过是这种实在论的政治运作形式,即社会联结优先于政治内容。敌、我都是本体性的存在,但是,"敌人"不过是"自我"设置的对立面。因此,尽管敌、我可以相互转换,但真正的转换连接却是"朋友"。换句话说,"友"是作为"我"的功能延伸而成立的,并由此体现出政治群体、单位、

---

[1] 对此的详细和专门论述,见孙津:《政治的成立前提及内容转换》,载《中共贵州省委党校学报》2014 年第 4 期;《社会政治引论》,中央编译出版社 2010 年版。

阵营等各方面在数量上"一"与"多"的关系;而这种关系的处理不仅是政治学的核心问题,而且就是真实的社会政治,即对于多数的争取。

由于不了解、或假装不了解政治的争取多数特性,民主不得不以一种悖论的方式为自己赋予政治属性。事实上,这也就是自从民主产生以来在理论和实践上一直存在的矛盾:且不谈如何定义、把握和确定什么是"公意",就决策本身来讲,从来就只能是"部分"(哪怕是绝大部分)、而不是"全体"的意愿,否则"民主"就成为多余。因此,造成悖论的根本原因就在于没有认识到、或者故意忽视政治的争取多数特性,转而把数量的多少和民主本身当成了两个互为相关的政治主词。

## 3. 小结

民主历来就被作为一种政治范畴,而现代社会的基本政治特征也在于民主。但是,民主其实一直都与政治争取多数的特性相矛盾,这不仅导致了民主表面上所主张的公意、平等和自由等理念的不可能实现,而且使得民主本身就是一个政治悖论,或者说,所谓"民主政治"就是一个悖论。在这个悖论中,自我相关的主词就是"民主"和"多数(或少数)",或者说是由数量来体现的政治态势。因此,即使不谈现实中民主的种种弊端,仅从逻辑上(或所谓学理上)讲,把民主作为现代政治的要求或标准就是一个思维和观念上的谬误。

产生这个谬误的根本原因,在于民主所主张的(其实也是虚伪的)政治中性(或中立),也就是假装有一个当然存在的、可以对它进行实证描述的政治科学。然而事实上,政治的根本特性和基本目标就是争取多数,并以此区别于其他领域,诸如经济、社会、文化等。不仅如此,政治的成立、尤其是它的真实内容的生成是一个动态的过程,其结构大体上包括政治内容、政治载体、功能关系、以及实效反馈等四个基本部分,而民主的"公意"、"同意"、或"多数同意但又保护少数"等原则在政治过程的任何一个部分或环节都是难以实现的,或者说都具有随时随地的不确定性。民主正是利用了这种不确定性,把政治的争取多数偷换成了貌似自由平等的民主多数,比如墨菲就认为,政治的性质在现代民主社会不可能再有一致性,因为它已经变成了失控的冒险舞台。①

以公共利益配置作为对于政治含义的理解太过狭窄,大体上就是指国家(包括世界)的行政。不仅公共利益的存在是有条件的,也就是只能作为政治的社会联结而存在,而且真实的公共利益也是在政治活动中生成其内容的,因此,民主本身的含义和真实内容也由具体社会联结的运作来决定。

---

① 〔美〕查特尔·墨菲:《政治的回归》,王恒、臧佩洪译,江苏人民出版社2001年版。

# 第二部分　民主与其载体的矛盾

相对第一部分民主自身的害处或弊端，这一部分要指出的是民主载体所存在的问题和矛盾。民主作为真实的制度总需要一定的载体，而从普遍存在的实际情况来看，这些基本载体主要包括政党、法制、现代化。但是，这些载体的主要问题或弊端恰恰在于它们名为"民主"、实际上却与是否民主并无关系。把各种政治载体贴上民主与否的标签，不仅导致了思想认识上的混乱，而且巩固和加剧了以民主作为批评标准所导致或带来的政治浪费。

在这一部分中，我将讨论政党和法制对于资本主义和社会主义究竟有着怎样的不同含义。最后，论证的思路会聚焦于这两种制度之根基——现代化这一议题上。

# 第三章　政党及政权

这一章的政治是从特殊领域来讲的,当然也是最具政治特性的政治活动,即政党及政权。为什么说政党及政权是民主的基本载体呢?按照主流的理论和观点,现代政治应该是民主的,甚至就是民主政治的代名词,而如今几乎所有国家都是以政党的方式执掌政权,或者说治国理政,那么,政党政治不仅是现代政治的核心内容,而且也必然具有民主的特性。因此,政党、以及它所运作的政权,是民主观念得以宣示和体现、民主制度得以设置和实施的最基本载体。

对于上述主流的理论和观点,本章将说明两个情况,一是现行政治学的"民主"不能解释社会主义政党及政权的实际状况和有效性,二是西方的政党及政权其实并不像它标榜的那样民主,甚至比社会主义更不民主。但是,这种说明本身并不涉及社会主义和资本主义哪个是真正的民主、哪个制度更好等问题,而是进一步从民主载体的角度再次指出,民主即使不是造成混乱的滥觞和藏污纳垢的招牌,至少也已经成为没有用处的赘物。同时也将指出,载体的有效性并不在于是否民主,而仍然取决于如何争取多数,包括内容设置和处理方式。

## 1. 政党及其分类

尽管政党是民主政治运作的主体,但是从历史上看,政党政治并不是一个好东西。现代政党在中国的出现比西方晚,中国传统所讲的"党"是指拉帮结派、搞阴谋诡计、甚至弄权篡位的小团体,所以说"党同伐异",又所以"君子不党"。即使是西方,在真正的政党出现之后很长一段时期里,政党也不被认为是具有好的政治品格的组织或团体,以至于在最早出现现代政党的英国,其国歌的第二段仍保留着"破阴谋、锄奸党,把乱萌一扫光"的名句。①

如果从政治特性的角度讲,政党的争取多数需要做两件事,一件是划分敌、我、友,另一就是以"我"为基准和核心,团结尽可能多的"友"。因此,必然会出现各种各样的政党,其差异包括政治理念、组织形态、奋斗目标、利益取向等诸多方面因素。这样就产生一个问题,即这些政党是否应该、以及怎样同时并存或相互竞争。按照现在的说法,民主政治要求不同的政党合法存在并依法和平竞争,不允许用暴力方式相互打压,而且根据这个逻辑,只由一个政党掌权的政体是不符合民主性质的制度。换句话说,民主不仅成了判定哪个政党更好、更进步的标准,而且"政党政治"本身也成了民主概念中的一个专门的政治范畴。按照这种学理分类,不民主的地方尽管可能存在政党,但却绝对

---

① 〔英〕戴维·米勒和韦农·波格丹诺编:《布莱克维尔政治学百科全书》,邓正来主编中译本,中国政法大学出版社 1992 年版,第 585 页。

不存在政党政治。由此,政党制度的数量(比如一党制、两党制、多党制等)也成了民主与否的一个基本标准。

就现在的情况来看,政党已经是现代社会运转必不可少的工具,绝大多数国家的政权也都是以政党形式来执掌的,所以认为政党是执政工具或手段的看法是符合实际的。但是,学术界对于什么叫做政党的理解仍不尽一致。比如,熊彼特就明确指出过,政党并不像古典理论——比如艾德蒙·伯克——所说的那样,是根据全体党员都同意的某个原则来为公共利益服务的群体,而是"其成员打算一致行动以便在竞选斗争中取得政权的团体。"①在中国,直到较近期的政治学概论也认为政党是与政权直接相关的组织,不过更强调其对阶级利益的"集中代表",以及在政权方面的"谋取、巩固或参与执掌政权等多种运作形式"。②

既然政党的存在是为了执政,而且不同的政党又代表着不同的利益,那么从民主的意义上讲,政党政治必须由若干(至少两个)政党来构成。根据这个道理,从性质上讲"政党"只能是复数,也就是既表示竞争的部分,又表示政治的分享。对此,萨托利就明确表示过,"一党制下的政党无论如何都不是部分,而复数的政党则是。"③但是,这种看法实际上混淆了政党制度和政党性质的区别,也就是事先假定了所有政党都是一样的,或者说政党的政治品格是一个中性的概念,所以都可以由是否采取了某种政党制度(即多党制)作为其民主与否的标准。因此,为

---

① 〔美〕约瑟夫·熊彼特:《资本主义、社会主义与民主》,吴良健译,商务印书馆2007年版,第413页。
② 俞可平主编:《政治学教程》,高等教育出版社2010年版,第101页。
③ 〔意〕G.萨托利:《政党与政党体制》,王明进译,商务印书馆2006年版,第61页。

了指出这些理论或看法的错误,就需要以目标功能为参照,对政党的主要类型进行区分和说明。

同时,由于中国公开宣布不实行多党制,所以也需要指出这种政党制度(也就是中国共产党领导的多党合作制度)在政党政治中的意义。现行的政治学的确无法解释中国政党制度中各政党的属性,这不仅因为中国政党制度是中国自己的创制,而且还因为现行政治学本身的理论缺陷和意识形态偏见。比如,按照数量来进行的一党制和多党制分类不仅失缺了对于政党性质的规定性,而且作为政党制度的分类也不全面。又比如,以民主与否对政党性质的分类基本上属于某种价值观,它不仅既泛化又局限了政党性质的规定性,而且本身就缺乏科学分类的民主性,也就是片面地认定了某种政党的民主标准、或者说以某种片面的民主标准来区分不同的政党性质。

政党的分类与政党制度有关,但并不就是政党制度分类。比如,所谓多党制、两党制、一党制以及一党独大制等分类指的就应该是政党制度,并不涉及构成某种政党制度的政党特性。换句话说,这种分类指的是不同的政党制度,而不是不同的政党类型。又比如,对于政党的理解的确与政党制度的分类有关,因为相关政治学理论对于政党的理解都有一个隐而不说的前提,即民主。于是,民主成了判定或认同哪些组织或团体可以算作政党的基本政治前提,所以不仅总是以多党制或两党制作为合理的政党制度依据,而且对于其他政党制度、尤其是一党制中的政党是否能够算作政党也是存有疑问或保留的。①

---

① 比如可参见〔英〕杰弗里·庞顿、彼得·吉尔:《政治学导论》,张定淮等译,社会科学文献出版社 2003 年版,第十二章。

显然,由于对民主的看法不仅涉及到具体价值观的不同,而且民主本身就具有不同的形式,因此民主不适合作为政党分类的依据。同样,政党制度的分类不仅不能替代政党分类,而且还可能缺失了作为前提性存在的政党属性依据,或者不过是以某种政治理念或偏见隐去了政党属性从而造成政党分类的模糊和混乱。因此,政党的分类应该至少有两个主要依据:其一,分类对象的属性是政党;其二,具体政党特有的功能形态。

至少从逻辑上讲,上述"其二"作为政党分类的依据是不难理解的,也就是说,如果现实存在各种不同的政党,那么,具体政党特有的功能形态就构成了相对区别的政党类型。这个依据既具有分类学的科学性,又避免了把不同价值观作为标准带来的争议。需要专门分析阐释的问题是"其一",也就是政党属性得以成立的依据。虽然各种政治学概论对于"政党"定义的理解或表述并不一样,但一般的认同含义大体包括这样几个方面:特定阶级或阶层利益的集中代表者或组织形式;具有一定阶级基础和共同政治纲领并为了谋取、执掌、参与政权运作的组织;具有适应权力运作的组织结构和相关纪律并由少数中坚力量构成的政治组织或社会等。[①]

如果确定了政党的一般属性,那么政党分类的必需前提就在于被分类的对象都是政党。但是,政党的概念含义并不能直接用来作为分类依据或标准,因为同样属性的对象可以在组织结构、功能特征、政治理念、价值导向等方面有着不同的体现和侧重。因此,需要结合具体政党特有的功能形态来理解和确定

---

① 对此可参见王浦劬主编《政治学基础》,北京大学出版社2005年版,第二章第一节;俞可平主编《政治学教程》,高等教育出版社2010年版,第四章第一节。

政党分类的依据,也就是说,需要把政党属性中最普遍和最基本因素抽象出来,作为区别不同政党在功能形态方面的类型依据。如果政党分类的依据本身是科学的和合理的,那么它就应该对所有政党都适用,也就是具有分类依据的普适性。所谓分类的科学性,主要指学科意义上分类的逻辑性,也就是既能够体现分类对象的属性规定并与其他领域或方面的分类相区别,又能够包容本领域的其他分类角度和亚层次的分类;而分类的合理性主要指类型存在的现实性和真实性,以及方法论意义上的辩证性,包括允许并支持根据变化的新情况做相应的方法调整。因此,科学合理的政党分类依据所具有的普适性是从事物最基本的规定性来讲的,所以能够保证分类标准的包容性和可沟通性,避免单一僵化和挂一漏万。

简括地说,这种分类依据的普适性主要体现为执政的功能、国家运行的必需、以及相应的政治理念等方面,而根据政党基本属性和功能形态特征的结合,政党分类的依据大致包括执政资格、价值导向、政治能力、组织形式等四个主要方面。首先,既然政党的主要任务与最高权力(一般就是指国家权力)的谋取和执掌直接相关,那么某一政党即使没有真实地执政,也应该是具有执政资格的,至少它自己是这么主张和宣称的。其次,执政是一项高度自觉和理性的行为,至少为了表明某种执政是合理的和值得认同的,政党就必须提出相应的价值观,并要求或期望得到认同和推行。第三,政党必须具有运作最高权力的政治能力,否则这个政党将难以真实为继,尽管是否真实执政并不是这种能力具备与否的唯一标准。第四,政党必须具有相对稳定的组织形式,包括相应的组织纪律,以保证政党自身的政治理念认同和政治行为有效。

## 2. 主要的政党类型

根据上述分类原则或要求,科学合理的分类依据不仅应具有唯一性和包容性,而且应便于在分类逻辑的意义上理解不同政党的政治特性。由此,在最根本和最具包容性的意义上,可以就功能形态的特征将现在世界上的政党分为合法型、非合法型、全能型、有限性、以及极端型等五种主要类型。由于这些类型的分类依据是政党属性和功能形态的结合,因此,具体某一政党在主要方面被归为某种类型并不意味着它完全不带有其他类型的某些特征,而这正好表明了分类依据的普适性及其实际意义或作用。换句话说,这是分类的最高(或最基本)依据,其普适性不仅不排斥其他分类角度,而且还为它们提供依据。因此,不仅可以针对政党的某个功能形态进行分类,而且还可以有各种亚层次的分类,比如说某类政党是松散型还是紧密型等等。① 当然,在方法论的意义上,区分这些类型的共同标准是一种中性的功能形态和特征,不过相对说来,极端型的标准更多带有政治理念和价值观方面的判定。

其一,合法型政党。它的主要特征在于执政资格的拥有,尽管对于这种资格的认同形式并不是唯一的。大致说来,各种认同形式可以分为两类情况。一类是成文的法律依据,比如宪法、政党法或其他相关法律。另一类是政党的能力、以及一定时期

---

① 比如可参见〔美〕迈克尔·罗斯金等:《政治科学》,华夏出版社2001年版,林震等译,第11章。

和条件下政党政治的现实状况。所谓能力,主要包括历史形成、长期存在、有效的政权运作以及外界的实际承认等因素。一定时期和条件的情况比较复杂,一般都具有对抗冲突的特征。比如,属于革命党类型的政党由于自身的能力,实际上在较长的时期内进行着真实的权力运作,而且国际上也是将其作为现实存在并有效行为的政党来对待的。事实上,现在北非和中东等地的反政府组织作为政党也都具有这种类型特征。

就常态来讲,合法型政党就是一般所说的执政党。但是,执政党这个概念并不适合作为一个分类标准,因为它的含义具有明显的相对性。就政党应该具有执政资格这个规定性来讲,任何政党都是执政党,所以将此作为类型的区分标准等于没有标准。事实上,执政党只是对某个政党在一届政权或政府中的功能地位的表征性称谓,与其相对的政党称谓就是所谓在野党或反对党,而在野党和反对党与执政党在性质上应该属于同一种政党类型。

其二,非法型政党。就概念本身的含义来讲,非法型政党也是指一种中性的功能形态,主要包括两种情况。一种是指法律的认可与否,也就是说,不经过法律登记、或者提出登记申请而不被批准就自行成立的政党都属于非法型政党。在一般情况下,这种政党的执政资格和政治要求都是自我主张,它们能否作为现实的政党并进行有效真实的政党行为,主要看它的能力以及现实需要和外界承认等因素,而在这方面,分类的依据与合法型有一致或重叠的地方。另一种情况是指在非法的状态下谋求国家政权,包括在其所控制的范围自行执政。如果前述反政府组织不被现存政权承认,也得不到外部(主要指国际社会)支持,它们也可以归入非法型政党。

不过,最为典型的非法型政党就是一般所说的革命党。革命党的主要任务是夺权,形式上包括武装斗争和议会参与。虽然革命党的执政资格只是一种自我宣称,其合法性完全取决于自身的实际能力,但是,由于革命党在道义上的合理性,或者说具有道义为善的政治品格,所以它们完全不同于反政府力量或恐怖分子。一般说来,革命党在政治理念上属于左派,所以在各种非法型政党中,革命党的标准判定更具有明显的政治理念坚持和价值观导向的因素。比如,共产党在作为革命党的时候(也就革命夺权时期)不仅信仰共产主义、依此确立相应的政治理念和意识形态,而且将夺取政权和执掌政权的实际行为与宣传群众并要求其认同相应的政治理念和价值导向紧密结合起来。不仅如此,革命党在由非法型政党转为合法型政党之后,仍可能继续保持其革命品格(对这一点后面还要专门讨论)。

从上可以看出,非法型政党实际上是一种阶段性的存在,也就是说,不仅其功能形态多表现为某种阶段性,而且其组织结构也或者转为合法、或者被消灭、或者自行消亡。

其三,全能型政党。它在字面上讲就是包揽一切权力,尽管具体政党的包揽方式可以多种多样。全能型政党多数是合法的,也可能是非法的,但其真实性都是由能力来支撑的。无论从性质还是形式来讲,全能型政党都与极端型政党有两个根本的区别。其一,包揽权力的全能并不是专制,因为全能型政党允许、欢迎并坚持与其他政党或政治力量的合作,包揽的权力不仅接受各种监督,其运作机制也采取各种法律形式和程序。其二,全能型政党所确定的价值观本身具有为善的普遍性,并将此作为能力的合理依据,也就是合理性与合法性的同一。这两个特性表明,全能型政党的功能和形态都是全方位的领导,权力包揽既是这种领导功能的主要内容,也是通过领导的方式来实施和实现的。

从理论上讲,实行社会主义制度并领导社会主义道路的政党多属于全能型政党,其真实的典型就是中国共产党。根据前述分类,中国没有反对党或在野党,所以说中共是执政党既不合逻辑也毫无意义。无论从理论还是实践来讲,中共的政治功能和执政形式都是领导。换句话说,虽然中共具有唯一的和排他的执政地位,并且真实有效地实施着权力的包揽,但从政党分类的意义上讲,中共的政党特性在于领导而不是执政。

其四,有限型政党。这主要是指政党执政功能的不完整,而根据不同的情况,大体包括三种类型。一种是想执政掌权而实际上已没有可能。事实上,多数两党制国家中的其他政党基本就属于这种有限型,它们因为长期竞争却不能胜利已经安于作为政党竞争的基数存在了。另一种是具有政党性质和相应的组织形态,但可能是由于能力不够,或者缺乏自己的政治理念或主张,它们从一开始就不以执政为目标,而是满足于以政党的身份进行政治参与和表达自己意愿,当然也在不同程度上影响选举,比如环境主义、动物主义之类的党。还有一种有限型政党,其政治属性和政党职能都是法定的,其典型就是中国的参政党,也就是八个民主党派。这种法定表明的是政党政治中的排他性,比如政党的政治理念、目标导向、组织形式、以及政党的数量及其成员规模等都是法定的。

相对说来,有限型政党的前两种类型是具有执政资格的,而参政党是通过各种排他性制度分享了领导党(也就是中共)的执政功能,并和中共一起构成一个合作的政党体系。因此,参政党的有限性是相对这个多党合作体系的内部分工而言的,叫做中共领导、八个民主党派参加,而这个"参加"的职能主要就是参加政权、商议国事。不过,对于参政党的分类依据只讲排他性还不够,因为这种排他性本身并不构成政党属性,所以,参政党作为政党的根据或理由还是要回到政治理念和工具理性(即减少政治浪费)的选择,或者说制度性安置。

作为政党,不同政党的政治理念不一定相同,也可以对立。革命党也是政党,尽管其对立面可以宣布它为非法。因此,政党政治对具体政党的属性认同主要是依据减少浪费来成立的,包括美国人说的"打不过的敌人就是朋友"。在新中国的建国初期,这是历史形成的治国需要和价值观认同,现在则是自觉的政治一致性(即社会主义政党),所以才有了以减少浪费为依据进行安置的排他性。这种情况在西方也一样,因为那些主要的两党或多党在政治理念上其实是一致的,所以资本主义政党和社会主义政党(不管他说的是什么社会主义)也都在减少浪费的意义上互不排斥对方为合法的政党。因此,中国政党的排他性和西方政党的竞争性有着共同的依据,就是政治理念和减少浪费的结合,至于不同的政党各自是否真的做到了减少浪费则是另外一个问题。

其五,极端型政党。这种类型主要包括法西斯政党、恐怖组织、各种有组织的极右势力甚至各种原教旨主义政党或派别等。极端型政党也有其政治理念和价值观,它们不仅要求自己包揽权力,而且也可能真的做到这一点,但从分类学角度讲它并不具有上述全能型政党的两个特性。相反,极端型政党具有个人专制、少数人利益、恐怖手段、臆想或迷信、以及这些方面的非法与合法手段并用等主要特征。特别重要的是,极端型政党不一定非法,但一定不具有合理性。比如,希特勒的法西斯党及其政权是合法的,但其价值观是不被普遍认同的和道义不为善的,因此无论它如何依据自己的能力取得合法性,这种合法性都由于合理性的缺失而成为不完整。

事实上,极端型政党在今天极少具有真实的存在。虽然一些右翼、尤其是极右势力可以合法地成立政党,但由于历史的教训,普遍的政治认同对极端型政党都采取抵制的态度,并在实际的政党政治或权力运作中警惕、排斥甚至打压它们。然而正因为如此,理论上将极端型政党作为一种政党类型加以区别就具有极为重要和明显的现实意义。

但是,所有的分类标准或参照以及类别所述都不是绝对的,比如从形态学的分类角度讲,中共属于全能型政党,而这种全能的真实含义和特定功能则在于领导,所以也可以叫做领导党。事实上,这种情况所表明的正是中国在政党政治方面的创制,因此有必要做一些相应的专门论述。

首先,不同的政党与相应的政党制度是互为表里的,所以相应的概念含义也是以这些关系而定的。比如,执政党在西方或多党制中的含义与在中国的含义完全不同。不仅在西方,就是在政治学的一般理论中,"执政党"都是相对"在野党"或"反对党"而言的,指的是选举获胜在任掌权的党。事实上,执政党并不是党的政治属性,因为一方面从执政资格上讲任何政党都是、或者都应该是执政党,而另一方面任何政党都不能保证自己永远在台上执政。因此,至少从逻辑上讲,既然中国没有在野党或反对党,当然也就没有执政党。中国共产党的确在执政,但无论从分类学角度还是中共自身的政治品格来讲,它都应该属于"领导党",而不是政治属性不清的所谓执政党。

其次,这种"领导"的含义针对有内外之分。所谓"内",就是中共在多党合作制度中的领导地位和职能;而"外"实际上是指"全部"或"整体",就是中共全方位地领导一切。毛主席1954年在第一届全国人大开幕词中就明确指出的:"领导我们事业的核心力量是中国共产党";1957年,毛主席在接见青年团第三次全国代表大会的代表时又说,"中国共产党是全中国人民的领导核心。没有这样一个核心,社会主义事业就不能胜利。"① 为了这个事业的成功,中共的领导职能还设置了固定的实体形式,即各级党委,它们一方面属于公务员性质和序列、享有国家财政预算和行政编制,另一方面其权力和实际行政级别都大于或高于同级的政府或职能部门。

第三,多党合作制度是由领导党的属性来安置的,即中共在其和八个民主党派共同构成的多党合作中的全面领导和内部分工。所谓全面,是指多党合作的中共领导性质;所谓内部,则是指中共和八个民主党派构成的政党体系。因此,对多党合作制度性质的规范表述是中共"领导的",而不是中共"领导下的":前者表示的是具有全面领导和内部分工职能的一个政党体系,而后者的表述则意味着存在两个(或多个)政党体系,一个领导另一个(或其他所有的)政党。但是,这种情况并不等于政党之间不存在领导和被领导的关系,恰恰相反,一个政党可以领导其他政党正是中国多党合作的一项基本创制内容。换句话说,多党合作以领导和参加的分工方式构成了一个政党体系,而参政党由于这种体系的排他性分享了执政的功能。反过来说,如果没有这种分享,不仅"参政党"一说没有意义,而且民主党派也难以作为政党成立,或者准确地说难以具有范畴普适性的概念

---

① 《毛泽东选集》第五卷,人民出版社1977年版,第133页、430页。

意义,因为现行的政党概念包含执政功能,至少是应然的执政资格。

第四,革命党品格的延续。关于中共由革命党向执政党转变的说法是完全错误的。错误之一是不符合事实,因为中共从一开始就不仅仅是暴力夺权的革命党,从在井冈山时期建立中华苏维埃共和国直到1949年解放前夕,中共就一直在自己力所能及的范围(解放区、根据地、甚至游击区和敌后)建立民主政权,进行有效的执政。错误之二是混淆了掌权形式和政治品格。中共的政治属性在于它是共产主义政党,而其功能在于领导,因此,中共的执政地位及其形式并不妨碍它保留革命党的政治品格。恰恰相反,这些品格作为优良政治传统和事业保证因素而得到延续、坚持和发展,其明显的政治特征包括矢志信仰、忠于领袖、铁的纪律、道德操守、自我牺牲、大义灭亲以及宣传群众等。由此也不难理解,中共的革命党品格与分类学意义上的革命党(比如意大利的烧炭党)具有不同的政治属性和特征,而且品格是延续性的,分类则是阶段性的。

## 3. 代议制和代表制

在上述分类中,哪一种政党的成立根据都与是否民主无关。西方是选举制度党,中国是领导代表党,都依凭民主之名。但是,这里要说的并不是哪种或哪个政党的好坏,而是说,无论从政党竞争、政党与社会组织共同治理,以及理想的政党消亡等哪一方面来讲,所有政党都与各自所宣称的民主(包括理念和制度)没有直接关系,或者说,民主对于这些情况的好坏并无正向关系——如果不是起破坏作用的话。

从功能属性上讲,现代政党本来就是西方的产物,而这种情况与宪法和代议制政府的出现密切相关。换句话说,政党与政权的关系是由一定的政体来决定或体现的。政党总是少数,是精英,它们与政权的关系是政党政治争取多数的主要特征,而其主要的类型也就是代议制和代表制。代议制是以让渡部分权利的利益交易方式由少数来为多数(即选民)服务,或者说由这个少数代理多数来执政;代表制是自己直接作为多数来为全体(包括党内党外)民众服务,或者说治国理政。由于代议制的情况比较清楚,所以这里不再对它做描述性说明,就直接指出它的民主弊端,同时为了节省篇幅,就在阐述和讨论代表制的同时,进行与代议制的相应比较。

简括地说,所谓代议制的民主弊端,或者说它与民主的矛盾,就在于用民主的形式排挤了民主的内容。这主要包括两层意思,一是假装权力是法律赋予的,另一是用选票来替代公意。其实,再好的法律也是人制定的,所以依法执政并不能掩盖权力并不来自法律本身这个事实。至于选举,恰恰是可以用各种表演来及时获取选票,因为表面上的每人一票,正掩盖了信息的不对称。且不说选举并不是理智的结果,仅就实际控制的权力来讲,选举拼的是金钱。尤其在美国,支撑总统候选人的资金至少有一半是由极少数富人提供的,而且他们与相关候选人在私人、经济、以及意识形态等方面都有着密切的关系。

西方也看到了中国政党制度的有效性,甚至是合理性。比如,2015年6月,贝淡宁(丹尼尔·贝尔)出版了他的新作《中国模式:精英政治体制和民主的局限》,其中就认为,"中国式"民主是一种"垂直的民主精英制度",从而可以发挥"贤能政治"的作用。不过,贝淡宁仍没有摆脱"民主"的纠结和误解,所以认为中国的基层民主还很不够,而没有认识到基层民主在中国是从属于群众路线这个政治范畴的。事实上,现行的民主理论根本无法说明中国的政党制度,或者说中国共产党的政治品格以及中国的政党制度完全在现行政治学的解释力之外。其实中国自己也是一样,由于不能(应该说不敢)抛开完全没有解释力的"民主",以至于越讲越不清楚,甚至强词夺理。大体说来,所有这些误解的针对集中到一点,就是政党制度与权力的关系。因此,我们可以通过代议制和代表制的比较,说明不同政党及其制度是如何获得和运作政权的。

从上述讨论可以看出,无论从概念还是实际情况来讲,中共的"政党"特性与其他几乎所有现行的政党都不一样。因此,相对说来,如果逻辑起点就在于中共自己的创造,即观念或概念以及制度的整体创新,那么,无论中共作为政党还是多党合作作为基本政治制度,其合法性也都不同于现行的政党和政治制度。简括地说,这种合法性就在于道义代表,而不是现行所说的民主契约。事实上,合法性是一种能力,不同的是西方民主认为契约关系是合乎道义的,而中共也并不直接或完全否定契约关系的现实性,但其自身合法性的根据却在于对人民根本利益的代表。这种道义代表可以看作多党合作政治哲学的本体论,即政权的存在形态及其性质同样也都是中共作为政党的专有结构,并由此使得中共创设并执掌的政权具有了内生性和一体化的特征。由此,多党合作为的是充分利用政治资源、减少政治浪费,所以不仅不是政党的权力竞争,而且也内在地排除了这种可能。

现行政治学关于政党的理论认为,政党要反映、表达或维护的是共同意志和共同利益。但是,现实社会并不存在这种共同的东西,而人民的利益却是真实存在的。因此,毛主席说,共产党及其领导的军队完全是为人民服务的、并且是彻底地为人民的利益工作的。① 为人民服务的要求是道义性的,做到为人民服务的能力则要靠政权。因此,中共作为政党不是在做对象性和竞争性执政,而是生成着政权并与政权一体化的存在。现在西方民主体制下的政党合作是随机的和对象性的,政权对于具体政党的执政与否是外在的或者悬置的;中国的多党合作制度则是政权内在自身的,所以合作本身也是非对象性的,并且具有明显的集权性和排他性。为了保证道义要求和实际能力的一致性,中共一方面提出党要管党,实施党内民主、从严治党等做法,另一方面要求参加合作的八个民主党派发挥各种(包括专业领域、政治导向、道德威望等)代表性,用以形成最大合力,实现多党合作的共同目标。

由于一个共同体(主要指国家)的人口很多,所以做事情总是要有代理,而各种代理中最具权威性的当然是政权代理,所以把政党看作运作政权的工具是符合实际情况的。但是,现行的民主理论把权力的执掌作为一种契约,因此契约的交易性质使得选举出来的政权机构并不代表选民,更不代表全民。这样就出现一个问题,即政权是独立的、外在于个别政党的。其实,多党制的道德(人权、民主之类)根据也就在于此。但是这样一来,西方民主制度中的权力不仅外在于政党,而且还是悬置的,所以多党制所保证的第一目标是争得权力,而治国理政的各项任务或功能不过是随着政党的权力竞争顺带完成的。即使是那些明显需要尽快处理或解决的事关国计民生的问题,议会(国

---

① 《毛泽东选集》第三卷,人民出版社1991年版,第1004页。

会、内阁)仍然几乎不可能达成一致同意,更不会团结一致去进行相应的工作。在这种情况下,不仅前述"减少浪费"的工具理性难以实现,而且根据代议制竞争所实行的多党制或两党制也并不就表明了政党政治以及政党制度的民主性质,相反,它们也可能是非民主的、甚至独裁的。美国明尼苏达州前州长杰西·文图拉写了一本书叫做《美国阴谋》,为的就是揭示所谓民主政治所隐藏的不民主规律,以至于他在回答《参考消息》记者的提问时说,"美国现在的问题是两党独裁"。①

与此相反,中共的代表性是排他的,所以才成为中共执政、甚至政权本身的根据。如果做不好(不能代表或没有代表好),那也是由中共自己来改善,叫做党要管党,包括反腐败。从本体论的结构来讲,政权不是悬置或独立于多党合作制度之外的,而是合二为一的。这是一种全新的内生性政权,它既不搞契约,也不做交易;由此产生出的政党与政权的关系也是全新的,即两者在存在性质和结构形式上的一体化。正因为如此,从这个结构的功能来讲,执政不是各政党共同的功能性资格,而是某一政党(即中共)专有的政治属性。这样,多党合作作为政治制度体现了政党功能的普遍性与特殊性的统一,所以在实体结构上也是一体化的,而且政党各级领导的候选人也只是合作体系中的各党党员。

事实上,中共从一开始就是这样理解它与政权的关系和要求的,并希望其他政党也据此认同来进行合作。但是,由于历史条件的制约,两次国共合作的目标都是对象性的,因为政权是外在的,一次在本国的军阀手中,需要夺取,另一次是在国民政府

---

① 杰西·文图拉的答记者问见《参考消息》,2015年10月19日,第11版。

和共产党解放区之外还有的日本侵略者及汉奸政府,需要打倒。因此,对于政权的关系来讲,革命(包括国民革命和抗日战争)时期的多党合作是对象性的,都是为了掌握政权。换句话说,那时候的政党合作是出于夺权的权宜,所以政权竞争最终成了真实的政党政治。由此也就不难理解,新中国作为经历了世界上最艰难、最残酷、最长期、以及最多牺牲得来的新政权,先天地就排除了契约和交易的性质,并只能由先进的代表性支撑其道义结构。至于这种政权的内生性和一体化是否容易造成腐败这个问题,与多党合作道义结构的合理性和创新性并无关系,相反,中共正是根据这种合理性和创新性来确信"党的建设"(包括全面从严治党的反腐败斗争)的现实性的。

由上可以看出,尽管中、西方政党同时也都是各自阶级利益的代表,但是就政党与政权的关系来讲,中国是政权内在于特定的政党自身,而在西方,政权对于所有不同的政党都是外在的。由此,可以从政党制度与政权的关系这个角度,将中国的代表制的政治特性归纳为以下几个方面。

第一,从其要达到和保证的基本内容是人民当家作主来讲,代表制也是一种民主政治。但是,如何"当家"需要有相应的方式和机制,如果这些方式和机制不能保证人民"当家",民主仍然是虚伪的,或者是一句空话。所以,人民当家作主是对权力性质一种表述,人民如何当家作主则是由具体的体制和机制来保证的,而在这个保证中,核心问题是由谁来执掌权力、以及如何行使权力。换句话说,问题在于由谁来代表,以及怎样代表人民来执掌和行使权力。简括地说,这个代表的机构就是人民代表大会,但代表的性质却是经由共产党的领导来体现的,而这两者的同一性提供了代表制的性质规定,即利益本身的排他性类特征,这不仅包括党在政治、思想、决策等方面的领导功能或作用以及领导本身的独立组织形式(即党委),还包括立法、司法和行政等机构中党的职能领导和身份比例(即不仅多数成员是党员,而且还有相应级别的党组织)。

第二,代表性(即代表制的特性)提供的是共产党的执政资格,也就是与广大人民根本利益的一致性。从理论上讲,代表资格的排他性并不在于能力意义上的合法性(尽管这种能力的存在是真实的),而在于逻辑意义上道义为善的合理性,即共产党的政治品格,也就是说,它如果不代表广大人民的根本利益就不能算作共产党。从实践上讲,是否真正具有这种代表性的判定是内在于共产党的品格要求和职能实施的,而且代表性的真实具有也是由共产党自身的努力来体现的,包括自我创新和不断完善。因此,尽管这种逻辑在理论上仍然是一种自我证明或循环论证,但其真实含义在于人民不必要、也无法和权力机构进行权利的让渡和交易,而机构中的"代表"含义也不仅仅是选举的组织性和程序性安排,而且还是"人民"这个整体的类特征。在此意义上讲,共产党执政的权力来自人民是一种性质的表述,代表制中的"代表"只是人民和自己签约的形式载体;与此相反,西方的代议制是一种对象性签约,其本质含义在于一种权利的交易和让渡。

第三,代表制本身是道义为善和文明引领意义上的政治创制。事实上,在中国,代表资格的排他性不仅是由共产党的政治品格及其宣称来支撑的,而且有着历史的文化传统,就是尽可能从内部的一致性来处理政治问题。中国现代史上几乎所有有能力执政的政党都排除多党制,其中一个原因就是不希望政治(尤其是政权)问题外在化;而在今天,作为人民利益代表的自我宣称则是一个绝对需要的意识形态。因此,就特殊性来讲,代表性在制度层面所标明的,是共产党政治品格、以及价值选择认同与中国具体实践的结合;而就普遍性来讲,代表制的选择根据应该是为了减少政治浪费的工具理性。

第四,代表制的功能特性在于共产党领导和权力机关职能的一致性。代表资格的排他性并不等于共产党执政的直接性,因此,转换执政理念的职能就交由作为权力机关的人民代表大会来承担。当然,人民代表大会还有许多自己的职能或工作,不过就其与共产党领导的一致性来讲,人民当家作主的执行机构是人民代表大会,但代表的性质却是经由共产党的领导来体现的,而这两者的结合和转换就是人民当家作主所具有的政治特性。因此,在具体的运作中,人民当家作主的政治性质并不是由各种民主形式来体现的,而是由国体与政体的关系转换来保证的;人民当家作主的实效也不是由个体权利的主张(甚至实现)来判定的,而是由共同体(主要指国家)的整体发展来维系的。由此就不难理解,实体代表的产生机制或方式是从属于代表性的内在要求的,所以不仅人民代表大会的议行合一成为合理的机制选择,代表的选举形式和工作职能也都与代议制根本不同。

第五,代表制体现了政党政治和相应体制的非对象性关系。在代表性的意识形态宣称中,代表资格和人民当家作主是对同一权力性质的不同表述,而人民如何当家作主则是由具体的体制和机制来保证的。因此,这里体现的不仅是党与包括立法和司法在内的大政府概念的内在非对象性,而且还是代表和人民的内在非对象性。换句话说,这两方面如果是对象性关系,代表制不仅难以实施,甚至就是自相矛盾的。具体说来,一方面,中国的基本政治体制是内在于政党政治的特性要求的;另一方面,各种政治问题的处置和解决都是体制内部的事情。正是在这种关系中,非对象性所提供的是有关减少政治浪费的理论保证以及相应的实践可能,而从实践上讲,意识形态承诺的兑现就体现为当下的政党政治,或者说政党政治的创制具有意识形态自身的正当性。

其实,上述代表制特性是很清楚的事实,但由于民主自身的误解,几乎看不到符合这种事实的理论阐述。无论从政治理念、社会制度、观念导向还是学术研究来讲,代表制不同于代议制似乎都已经是不争的共识,但对于如何理解这两者的区别,仍有许多不同的看法。也许,由于从发生学或历史角度讲代议制是民主政治的制度载体,所以一般的看法是把代表制理解为对代议制的超越,而且还认为这是马克思在评价巴黎公社的民主时做出的结论。我不同意这种看法,因为在我看来,代表制是一种社会主义民主创制,本质上完全与代议制不同。从政治特性来讲,代表制是利益本身的排他性类特征,而代议制是权利交易的共同性选择。

当然,如果仅仅从民主运作的制度和形式来讲,把代表制看成对代议制的超越也有一定的道理,问题在于这样还是没有看到两者的本质区别。如果从这种看法主要讨论的问题是选举来讲,它的范畴针对甚至只是局限于民主的某些操作程序,根本没有涉及到本质。事实上,对于代表制本质的说明需要相应的理论创新,因为现行的、也就是西方的政治学理论由于其自身的局限,不仅无法对此做出合理的说明,而且最终只能依代议制的价值观或民主标准来批评代表制。理论的局限和滞后反映出一个深深的误解,就是在价值抽象的意义上把民主作为连接、对比和评判代表制与代议制的标准,而这个误解的产生主要有两个原因,一是概念的歧义,另一是文明的导向。

所谓概念的歧义,就是指"代表"本身所具有的不同含义。就《现代汉语词典》来说,"代表"有五个含义。1,由行政区、团体、机关等选举出来替选举人办事或表达意见的人;2,受委托或指派替代个人、团体、政府办事或表达意见的人;3,显示同一类的共同特征的人或事物;4,代替个人或集体办事或表达意见;5,人或事物表示某种意义或象征某种概念。不难看出,第五种含义大致等于"体现",而在我看来,中国代表制的"代表"应该是第三种含义,但一般却都是在1、2、4、的意义上来理解的。正因为如此,民主制度的本质就转移集中到选举问题上来了。比如,英国学者布奇(Birch)也把"代表"分为四种,即委任代表、微体代表、象征代表、选举型代表,[1]但在这种划分中"代表"作为上位概念其本身的含义并没有得到说明,却是直接从属于不同代表的产生机制或方式了,所以他所关注的也就是选举型代表,即通过选举产生的代表或议员。同样,专门研究代表理论的著名政治学家皮特金(Pitkin)也认为,真正的代表只是"形式代表",表示的是选民和代表之间的授权与委托关系。[2]

各种歧义之所以都集中到选举上面,就在于选举在导向上被认为是民主价值最基本的形式载体。出于同样的原因,由于议会或代议制是民主政治的基本制度设置和运作形式,所以就成了历史形成的普适价值观及其制度性选择。但是,代议制本身并没有代表的性质,因为它的机构(议会、内阁等)谁也不代

---

[1] A. H. Birch: *Representation*, London, Pall Mall, 1972.

[2] H. F. Pitkin: *The Concept of Representation*, Berkeley, University of California Press, 1967.

表,只是用公民(严格地说是选民)让渡出来的那一部分权利进行权力运作,其代理的性质不过是权力机构与公民(或选民)的政治交易。代议制在选举过程中也有其"代表",但那只是组织性和程序性的规则安排,所以不管选举的方式如何(比如直接、间接、比例、地区等),代表和选民之间仍都是一种权利让渡和交易的关系,选举结束后,这个关系的双方就分别由权力机构与公民来承载。对此,最具特征化的做法也许在于,一个政党的党员(包括这个政党的议员)在选举或议案表决时可以把赞成票投给其他的政党。

也许仅仅是由于代议制的出现早于代表制,而中国的改革开放又宣称说自己还是发展中国家,要追赶发达国家,以及要和国际接轨之类,所以就把代议制的民主性质误认为政治上的文明导向了。因此,有意无意地以西方为标准,以及迟迟不能形成适应中国特色社会主义的政治学理论等现实问题的存在,也就是不奇怪的了。比如,在指出中国各级人大代表产生方面存在的问题时,以及在讨论村民自治的选举问题时,总是可以看到对于"代表"的各种误解,包括抱怨代表不是自己选出来的,而所有这些误解和抱怨共同的一点,就是以西方为参照标准。

同样,各政党的依法竞争和联合执政也被认为是代议制的民主特性。的确,无论从历史还是现今来看,不同政党的各种合作都是明显的事实,比如选举过程中某些政党的相互支持或联合,以及多个政党共同组阁等。在中国,共产党和国民党就有过两次重要的、而且是法定形式的合作,以至于一种政治心态认为,为了祖国统一或民族复兴应该进行第三次国共合作。但是,上述的合作实质上只是工具理性的随机选择,合作本身既没有独立的政治位置,也全无制度保障。比如,联合组阁并非出于合作愿望,而是由于任一政党的票数不够。换句话说,合作与否是由参与各政党之外的法律决定的,而且一旦共同的目标达到了,合作不仅难以继续,而且立刻转为互争。即使就所谓民主政治来讲,各政党、包括联合组阁的政党之间的激烈竞争和相互攻击也是这种政党政治的常态,同样,尽管中国没有搞西方式民主,但抗战胜利后的国共关系也是这方面的典型实例,所以假装了没几个月的民主就兵戎相见。

与代议制的情况截然不同,代表制的自身逻辑就在于政党竞争的不必要和多党合作的必然性。与政党的体系形式相一致,中国政党政治这方面的创新和创制都在于制度本身的合作性质,也就是前面说的法定的多党合作制。看起来,多党合作是一种非竞争的民主形式,但其实这里的内在逻辑是武装夺权与和平掌权的一致性和延续性。就武装夺权来讲,大家都熟悉毛主席的名言"枪杆子里出政权",但这句话所体现的普遍性是政权的"实力",也即合法性本身,而不仅仅是中国革命的特定情况和途径。其实,欧洲的资产阶级也并非是和平取得政权的,只不过我们被所谓"资产阶级革命"的说法蒙蔽了,而这个革命的真实含义应该是统治阶级自己内部的利益调整(关于这个问题,在第五章讨论中国和欧洲的不同封建时还要专门论述)。由于这个蒙蔽或误解,一直就存在两种相互矛盾的看法,即一方面以英国为表率说没有武装夺权一样可以实现民主政治,另一方面则说民主政治还是要经过战争才能建立,包括美国的独立战争和法国大革命的攻占巴士底狱等。

这些情况表明,尽管就获得政权的方式来讲,是否动用武力、以及在多大程度上动用武力是不确定的,但并不否定"枪杆子里面出政权"的普遍正确性。对此,可以用维护政权的行为

"反过来"的加以证明,比如巴黎公社夺权时,所有敌对阶级马上联合起来加以镇压。这里的关键在于,虽然枪杆子是政权合法性的保障,但政权既不能只靠枪杆子来夺得,更不可能永远靠枪杆子来执掌和运作。与合法性同样重要的还有合理性和合逻辑性,因此就要谈到掌握枪杆子的主体与政权的关系了。在此意义上讲,中共的武装夺权与掌权以后的代表制具有性质的一致性和延续性,或者说,对于中共这种政党来讲,代表制的道义性与政权结构本来就是内生性的和一体化的。

无论宪法、学术还是社会认同,在说到代表制的时候指的都是政体,其形式载体就是人民代表大会。这当然是不错的,但也是不全面的,也就是忽略了政体性质及其制度形式的共同根据,即代表制本身的性质只有在其与国体性质的同一中才是真实的,也才是可理解的。这种同一,就是共产党领导,因为即使是宪法的成文表述,也规定了工农联盟为基础的人民民主专政这个国体是"经由共产党领导"的。由此,中共创造了一种全新的政党概念和相应的代表制度,并使其具有了历来及现行政党概念都不具有的领导功能,所以尽管中共的道义性与政权结构具有内生性和一体化的关系,但中共并不是现行政治学意义上的执政党,而是作为领导党来实施执政功能的。这种全面领导是中共作为政党的专属功能,而这些功能在方法上与政党特性完全一致的真实含义和道理,在于中共的领导方法同时也就是相应的执政职能。因此,中共的领导权是排他的,而其多党合作的功能性方法所表明的,正是这种领导的内在属性。换句话说,实行代表制的中共领导权不是外在的或被赋予的,也就是不像代议制中的其他政党那样,假装是由法律赋予的合法性,并且由于选举获胜才有了执政权。相反,不仅中共的执政是以领导的方式来进行的,而且中共执政地位的唯一性或排他性也是从属于其领导特性及其政治品格的,而代议制中的政党即使上台执政了也不具有领导属性及其功能。

## 4. 小结

民主与其政党载体的矛盾在于,不仅存在着性质和功能都大不相同的现代政党,而且把民主作为现代政党政治的必备特性既不符合实际,也造成了政治浪费,甚至还很容易成为干坏事的借口或挡箭牌。从政党类型来讲,哪一种政党的成立根据都与是否民主无关;在政党制度层面,两党制(或多党制)甚至也可以是非民主的或独裁的。

民主之所以选择政党作为主要载体是为了组织选举,因为不可能由所有人直接进行选举。但是,能够使这种政党政治具有民主性质的根本原因并不在于平等权利的让渡或交换,而在于军队的中立化(国家化、非党化等等)。由于政党不掌握军队,所以任何政党都不担心会受到武力胁迫或镇压,于是就能够和平竞争、选举协商,叫做君子动口不动手。

但是,军队中立化不过是个骗局,为的是彻底消除民众由于不满而进行暴力革命的可能;而无论议会制还是代表制,选举也都是政党自己的游戏,与多数人的民主无关。正因为如此,不仅美国的民主是典型的富人民主、权贵民主、大资本家民主,而且就西方的情况来看,这种政党政治越民主,政权就越是掌握在政治性质和品格都完全一样的若干政党手中,而且其典型形态就是稳定的两个政党独裁。中共创造了人民军队,而且坚持党对军队的绝对领导和指挥,同时又创制了领导党与参政党构成的政党体系,所以这种政党政治完全超出了民主的范畴,或者说根本不在既有民主理论的解释域中。

政党政治不仅与民主与否无关,而且某个政党是否代表了大多数民众的利益、为他们谋取了福祉,也都与民主与否无关,当然更与民主与否的选票无关。相反,政党恰恰是利用民主的方式使自己成了超出民众及其"公意"的利益集团,所以即使完全按照民主的制度和程序,政党政治也不能保证只做好事不干坏事。比如,昔日魏玛共和国以典型的民主形式成就了希特勒,而且他很可能是民主国家有史以来选举得票率最高的,从现在的情况来看则可以肯定今后也不会被超过。又比如,日本的安倍也是利用同党在议会中的多数,以典型而标准的民主制度和程序强行修改"和平宪法",解禁集体自卫权。至于政党之间、以及台上台下的政治清算、政治报复、政治欺骗、政治迫害更是越来越普遍,几乎每天都在全世界公开上演。

政党政治被看作民主的主要运作形式,但多个政党并存的根据并不在于民主,而在于政党自身的政治特性,即争取多数。然而,米歇尔斯早在一百多年前就指出,政党作为组织,即使不至于搞独裁,也必将走向或导致寡头统治。① 政党与权力的关系取决于如何理解并争取多数,所以中国和西方在政党政治方面的不同或差异再次表明民主标准的不适用,或者说,"民主"与否作为政党政治的标准已经成为一个赘物。因此,把政党政治看作依法和平竞争的民主形式是片面的,甚至是虚假的,因为

---

① 〔德〕罗伯特·米歇尔斯:《寡头统治铁律——现代民主制度中的政党社会学》,任军锋等译,天津人民出版社2003年版。

政党从来就不是中性的政治运作工具。事实上,多党制不仅容易产生政治理念的不真实和政治主张的不诚实,而且相应的竞选游戏还直接导致了政治领袖的明星化和执政能力的弱智化。中国的代表制所表明的是合法性与合道义性的同一,而不是现行政治学所说的民主契约。如果说,中国的政党及政党制度能否持续发展的关键在于中共如何坚持品格操守和道德自律,那么这恰恰表明,民主标准与合理有效的政党载体没有必然的或正相关的联系。

# 第四章　法制及人权

　　与政党政治虚假的民主性密切相关和互为支撑的另一个民主载体,叫做法制。如果说,政党作为民主的载体具有明确的实体形式,那么法制则更多有机制的功能特征。不过,法制在特性和道义上与民主贴得更紧,或者说更加一致,也就是说,民主必须要求法制,而法制以及法治都是民主本身的重要内容部分或方面。

　　简括地说,本章的法制就是指法律制度,形式上包括宪法、法律、法规,以及具有法律意义或作用的决定、政策、规范等权威文件。法制的依法运用或实施叫做法治,不过从民主载体的角度讲,本章对法制的讨论和分析同样适用于法治,所以为了简约表述,除了专门论述的地方,一般就只说法制而省略法治。

　　法、法律、法制、法治以及法律的正当程序等概念一直就是有争议的,但是,它们与民主的矛盾并不在于这些争议的存在——事实上,又有什么概念和做法是没有争议的呢?矛盾在于,这些争议的核心问题或焦点仍然是如何以保护个人利益为基本前提和第一要务,而争议各方实际上悄悄放过的,恰恰是这些概念及其做法的合道义性。这是一个根本性的矛盾,从理论上讲主要体现为片面强调权利和义务的分立和对等,也就是俗话所说的一分权利一分义务,而在实践上,则是有意无意地(其实应该说故意地)忽视已为经验所证明的良知,以及回避和掩饰政治理念或导向。

法制被认为和民主的性质一致,是保护民主的。但是,在功能上,法制与政治具有内在矛盾,因为政治是动态的争取多数,法制却假装有个静态的道理和多数。比如行政和司法等,都是在已经有了由多数形成的结果或规范下的活动,甚至立法的多数也是"第二层面"的,也就是使得某个既定的法能够"立"起来。至于争取"我"和"友"的多数,最能反映民主本质以及最与民主形式相关的活动,就是选举,然而法律一旦制定,或者说法制一经确立,具体的实施(也就是法治)就不再是依据多数和少数来进行了。从功能上讲,法制这个基本载体既是民主的道义根据,也是民主的机制保障。所谓道义,就是用在它面前"人人平等"的法律来管理自己(假定法律可以不算作"统治"的强力方式);而机制主要是指权威性仲裁。但是,当民主以法制作为载体的时候,民主要求与法制实施的最大矛盾,恰恰就在于民主使得法制既不讲道义,也不讲政治。

显然,如果上述关于民主与法制的矛盾的说法是符合事实的,至少需要说明两个问题,一是法制的依据,另一是法制实施的状况或效果。事实上,这两个方面互为因果和互为表里,不过从逻辑层面和表述方便的角度来讲,下面先分析法制的依据,也就是支撑法制的权利和义务关系,然后再来说明法制实施中的道义缺失,以及法制与政治的矛盾等问题。

## 1. 权利与义务

我们今天讲的法制有一个不言自明的前提,即这个制度体系是"现代"的。但是,每个时代都有自己的法制,说奴隶社会和封建社会不讲法制是不符合事实的。问题在于,这里所讲的是"现代"法制的民主特性,即每个人都有权管理自己,所以法律就是使这种权利得以实现、而且必须是平等地加以实现的保障标准和强制手段。由此不难看出,如果这些就是选择法制的合理依据,那么它的含义以及相应做法都在于对人权的承认和尊重。

就今天的情况来看,主流的理解认为法制是独立的,但这种"独立"其实既是理论上的遁词,更是实践中的借口。一个简单明了的常识在于,社会要有规范,否则就永不得安稳。对于根据什么制定规范,各种理论争论不休,但在民主的主流说法看来,正确的理论都有一个共同的逻辑,叫做人权。但是,如果人权意味着每个人都拥有的一种共同的权利,对此权利的运用就必须依靠另外的根据才是公平合理的,或者说才是民主公正的,否则这种权利或者从逻辑角度讲等于没有,或者从实效角度讲则成为不可能。这个另外的根据就是"法",而且是作为自然状态(其实是超自然能力)的规则。

上面所说的情况其实不难理解,因为经验早已使每个智力健全的人都知道法律是用来干什么的。不过,从学术层面来讲,"法"本身一直就是个大有争议的东西,而且有关法和法律以及法制和法治的具体问题就更加繁杂细密。因此,为了使后面的分析更有针对性,或者说尽可能减少误解,有必要用最简约的文字把关于"法"的争议的核心问题表述出来。

为了使法制与民主一致起来,也就是将建立法制看作人们、尤其是每一个人自己管理自己的权利,所有问题的争论就自然而然地集中体现为两个方面的矛盾。其一,法既是人制定的,但法的合理性又表明法不可能、也不应该由人来制定；其二，法既是从外部来约束人的行为的，但法也必须内在于这种约束功能之中。

就其一来讲，之所以出现这种矛盾，根本原因在于法必须外在于所有的人独立存在，否则就不可能对所有人都是平等的，也就是没有合理性。但是，法不仅是人选择设置（姑且不用"制定"这种更为刚性的词汇）的，而且还看不见摸不着，那么它又是如何"外在"且"独立"的呢？换句话说，法是根据什么才能够外在且独立的。对此，历来的说法很多，不过可以大致归纳为两种根据。一种说法是把这个根据叫做"神"或者"自然"。这种说法多少有些神秘，而且作为根据其本身的道义性和公正性仍然含糊不清，也就是不能提供自己作为法的根据的证明。另一种说法把这个根据归结为"良知"，或者说有经验证实了的"善"。良知和善的说法都比较好理解，但什么内容、或怎样去做才叫做有良知或为善却又是一个更具争议的问题。

其二的矛盾更为明显，就是不仅要有外在于人的法，而且要有法的制定者和执行者，所以制定者和执行者就都必须与一般的人区分开来。为此，哈特（Hart）想了一个办法，说外在于人的法就是说明和约束人必须做什么和必不能做什么的"初级"法，而调节和实施这些初级法的制度叫做"中级"的法。这样，初级的法是针对所有人的，所以就是法的外在性和独立性的根据；中级的法虽然也依据初级的法的道理来制定，但它作为成文的法律却只是制定者和执行者要做的事情。① 看起来，初级和中级的说法是为了区分适用于一般人（公民）的法和由相应机构或

---

① H. L. A. Hart: *The Concept of Law*, Oxford University Press, 1961.

部门制定的法律制度。换句话说,这样划分的目的,在于把国家单列出来作为最高级的权威或强制力,所以可以由国家相应地设置或指定一些法的机构,用来制定和实施法。那么,国家与法是个什么关系、而且它又是在法里面还是在法外面呢?

事实上,上述两种说法之所以都难以解决矛盾,关键在于它们真正的目的都是想证明法本来是"好的"。不同的是,法学的实证主义传统把这个"好"的根据看成是人的理性或有意识的实践,而法学的自然主义传统则认为它是客观规律。其实在我看来,这个问题已经超出了法的自身规定,除非我们承认法并不是外在于人独立存在的。于是,为了消除矛盾,各种观点、或者说争议的各方都把出路集中到一个关系上,就是权利与义务的关系,因为只有这样才能够回避、或者说撇开法的道德性是主观的还是客观的这一棘手问题。首先,不管叫人权还是什么权,总之人(类的人和个体的人)必须有选择或要求设置法律的权利;其次,既然这种权利是人人都有的,或者说是平等的,那么每个人就都有遵从法律的义务;第三,为了有权威和强力保障,所有人还赋予国家(通过指派相关机构和履行相关程序)具有制定法律和实施法律的权利及权力。

显然,上述关系的三层意思都暗含着"好"的性质,也即这样的规定和行为都是合道德的或为善的。不过,在这些关系中,权利和义务对于个人来讲应该是相等的。换句话说,在这里,个人的平等权利作为法的根据必然要求与个人的义务相分立,所以对法律的遵守就是权利和义务的交换(从受益的角度讲应该是一种情愿的交易)。然而对于国家来讲,这种交换就不存在了,因为国家或者只有权利没有义务,或者把国家的权利单列出来作为强制力(也就是权威和权力)的根据。这种矛盾一直就是西方法学思想史的突出特征,远的不说,从霍布斯算起就有四百年历史了。为什么会这样呢?原因很简单:绕来绕去为的就是要把维护私有制的法说成是普遍的、公正的、合道德的、甚至客观的规范。

粗略地说,从霍布斯开始,国家间的战争、教权的等级专制,以及个人之间的贫富差距等社会现实,促使人们希望有一种能够使社会和谐起来的办法。这种希望有一个哲学依据,就是认为社会原本是不自觉的(叫做"自然状态"),每个人出于自己的感性考虑或判断而无法达成利益上的一致。① 到了18世纪,这种哲学依据在斯密那里变成了一种经济意识形态,即认为人不仅是感性的,更重要的还在于人是根据利益需要来获取或分配利益的。这种理性需要就像一只"看不见的手",可以自动协调利益矛盾和冲突,因此,社会要想和谐,只需要制定能够维护这种理性运作的秩序和协调机制就行了。这样,所谓能够给社会带来秩序和保证和谐的法制,就是主要由经济利益及其运作所体现的对个人权利的保护。与此同时,权利和义务也就在对称关系的意义上成了法律政治的核心范畴。事实上,这也就是市场经济和民主政治具有内在联系的历史根据(我们在第一章第1节就讲过这个问题,后面第五章还要从现代化运动的角度再次讨论这个问题)。

当然,这里不可能(哪怕是极简约地)叙述西方法学思想史。不过,如果说霍布斯从人的自然状态出发,最早明确了现代社会的权利和义务分立现象,那么许许多多"现代"的早期

---

① 托马斯·霍布斯:《利维坦》,黎思复等译,商务印书馆1995年版,第一部,14、17;第二部,7、17。

经典作家(比如格劳休斯、普芬道夫、洛克、爱尔维修、孟德斯鸠、卢梭、斯密、甚至比霍布斯更早的马基雅维里等)不仅都没有摆脱、甚至还巩固了上面指出的那两个矛盾。其实,这些经典作家也知道,既然人的自然状态是相互冲突并容易导致战争的,从道德的角度讲,人的权利就不可能是任何一种自然权利,或者说不是"客观的",而应该是能够相互保障各自利益的公共权利。为了表示这种非客观的权利的道德性或进步性,西方的学者们就把用法律保护和实施民主这个要求作为人的自然权利,而且还把这种情况说成是现代社会的开端,也就是所谓市民社会。由于市民社会本身就代表了人的自然权利,而不是作为自然义务来为人的目的服务的,所以依此道理来建立法制不仅是政府的责任,而且还是判断某个政府为"好政府"的标准(也就是终于可以由此给政府规定"义务"了)。于是,矛盾依然存在,但却被悄悄地转化为权利和义务的对等交换,而从现行的法制层面来讲,其本质就是市场经济和民主政治的交易。

在提出市场这个概念的时候,法制方面的一个重要转变是把需要和利益联系起来。休谟认为,以往对利益的理解无法提供社会秩序,当然也就达不到社会和谐,因为人们总是从人性本身(或自然状态)来讲利益,而实际上,利益是一种需要,社会的无秩序和不和谐就在于人们既不总是能够对这种需要做出正确的理解或判断,政府更难以顾及这种需要之间的联系和协调。于是,休谟认为应该把社会需要和社会利益都当成政府施政的根据,而且它们本身就是立法的根据并应该就具有法律效力。如何做到这一点呢?休谟认为应该从经济上找原因,用法律为经济服务来代替政治上的无谓探讨,也就是如何保障个人利益的需要和私有财产的神圣不可侵犯。① 为了使这种法制的道德性具有客观性,也就是具有规律性的公正,斯密用经济活动为民主社会的秩序找到了一个法哲学基础,就是所谓"看不见的手"。

斯密的"看不见的手"并不是价格,而是利益需求的调节机制。这种机制之所以能够保证社会秩序与和谐,主要在于利益需求的利他性结果。斯密说,人总要吃、喝、住、穿,这些当然都是自私的利益需要,但如果把这种权利当成义务,自私的需要就成了利他的行为,而且法制作为社会秩序就是为了使每个人都能够这样做。斯密的这种观念完全不是从道义上讲的,而是指市场的形成:一方面,经济活动中的商品交换由价值法则决定;另一方面,这种调节并不需要立法者。因此,斯密是从政治、经济和社会的总体关系来理解市场的,所以认为如果政治也像市场一样,就不会有来自外部的不公正力量去破坏社会秩序。用市场来协调整个社会,是因为市场提供了一种相互的交换服务机制,而且这种机制是符合人对"美德"的理解的,所以提供并保证这种机制的政府也就是"好的"政府了。②

尽管斯密想摆脱"自然状态"的努力并不成功,相反却陷入了如马克思所说的在分工和交换之间作循环论证,③但是从斯密开始,"市场"实际上一直就是一个法律概念,④只不过主流的

---

① 休谟:《人性论》,关文运译,商务印书馆1997年版,第三卷,第二章,第六节。
② 亚当·斯密:《道德情操论》,蒋自强等译,商务印书馆2003年版,第七卷,第二篇。
③ 《马克思恩格斯选集》,人民出版社1995年版,注40。
④ 亚当·斯密:《道德情操论》,蒋自强等译,商务印书馆2003年版,第一卷,第三篇。

政治学故意不谈这一点。在我看来,这个法律概念的含义就在于,市场经济指的是这样一种经济机制或形态,即用平等的方式获得的平等的权利之间的交易和让渡。① 能否真的达到这种"平等"我们后边再讨论,但这个法律概念用在经济上却表明了一种新的社会机制:一方面,具有这种平等性质的或以这种方式来进行的经济活动叫做市场经济;另一方面,这种交易和让渡的法制化保证就是民主政治。在斯密看来,这种市场机制可以使国家间的冲突像经济交易一样"双赢",而不必是一方消灭或战胜一方的战争状态。换句话说,市场不仅就是法律,而且社会的秩序与和谐都可以在市场中达成。于是,从人是因为经济需要而成为理性人来讲,所有有关"自然状态"的唯心主义就由经验论和唯物论代替了;而由于社会是依靠经济活动建立起来的,政治(包括法制)就成了必须适应经济基础的上层建筑。

从民主政治对市场经济的保护来讲,法制的公平正义主要体现为社会秩序的良知,但事实是无论市场机制如何和民主政治互为支撑,社会并没有因为市场经济而变得稳定和谐起来。相反,为了巩固和延续私有制的市场观念和民主政治,也为了使这两者的联系合乎道德,权利和义务才始终成为绕不开的问题,而自20世纪70年代以来,这方面最为突出的代表著述应该说就是约翰·罗尔斯的《正义论》和《政治自由主义》。

可以从两个方面来说罗尔斯的这种"代表"。一方面,他写《正义论》的目的就是要综合有关自由主义民主、资本主义市场经济,以及高福利国家的再分配等问题,从而提出一套系统和完

---

① 参见孙津:《打开视域——比较现代化研究》,社会科学文献出版社2004年版,第一部分。

整的正义理论;另一方面,他要解决的问题是"作为公平的正义",因此其理论的针对在于权利和义务在怎样一种关系下才是公正的。众所周知,要求法律平等的权利只是一种正义,但公平分配的依据仍然是不平等的权利。因此,罗尔斯不是从道德和伦理的意义上讲正义,而是从技术层面指出,公正的性质在于权利和义务的统一。这种统一不是交易,而是指法定权利的平等和利益分配的公平都达到了一种状态,叫做事实上的公正或作为公平的正义(由此说来,尽管我们已经约定把罗尔斯的书叫做"正义论"了,不过从权利和义务各自的正义性实现来讲,把他书名中的 Justice 翻译成"公正"也许更恰当一些,而且也不是"论"正义或公正,应该是关于正义或公正的"理论")。①

罗尔斯将前此对权利和义务关系的理解转换了一个角度,即不再讲社会契约,而是探讨社会公正,从社会和谐的意义上讲,也就是如何约束人的本性。从逻辑上讲,如果社会中的不和谐是由制度造成的,那么在没有制度之前社会相对来讲应该是和谐的。因此,罗尔斯虽然知道这种"自然状态"事实上是不存在的,但却可以用它作为权利和义务关系的逻辑前提,也就是说,权利是由义务产生的:在没有法定权利时是一种义务权利,而在有了法定权利之后,公正就是使权利和义务相统一的义务。在这个逻辑中,权利是被义务包涵的。但是,罗尔斯以前的各种社会契约论其实只解决了政治义务,并没有从公正的意义上达到了权利(包括政治权利和经济利益)的平等。因此,公正的实现只能是这样一种状况,即在其具体的活动中所有当事人都达

---

① 见 J. A Rawls: *Theory of Justice*, The Belknap Press of Harvard University Press,1971,pp. 12,62;何怀宏、何包钢、廖申白译作《正义论》,中国社会科学出版社 1988 年版。

成了协议。

这种状况看起来是根本不可能的,至少协议的达成会由于当事人的实际权利和谈判技巧而成为不公正。罗尔斯知道这个困难,但他并没有想出什么解决办法,而是提供了另一种解释,从而把这种不可能说成可能,并且把不公正说成了公正。他发明了一种概念,叫"无知之幕"(veil of ignorance)。简单说来,这一发明的意思是说,人都是理性而自利的,但正因为如此,当时以及当事的各方谁也不会知道其他人的地位、能力、想法、命运、善恶等情况,所以达成协议的所有人都是不偏不倚地对待各自的利益,从而事实上把他们达成协议的原则当成了公正的原则。①

罗尔斯的理论繁杂精致,但"无知之幕"这个发明的意思却简单明了,其"公正性"可以用中国的一句俗话来概括,即该是你的谁也拿不走,不该是你的争也争不到。那么,什么是"该"和"不该"的标准呢?就是维系理性而自利的人性的无知!如果不是这样,那么"无知之幕"就等于承认受蒙蔽和被欺骗都是合理的。由此还可以合乎逻辑地说,由于相互无知(权利)是平等的,不平等的分配(义务)就是公平的。当然,罗尔斯不会看不到"无知之幕"的这种脆弱性,于是他又把公正概念作了特殊和一般的区分,所谓特殊是指适用于发达国家的公正原则,在那里,人性的自由(权利)比物质的利益(义务)更重要;而在其他国家,由于经济发展水平不高,还谈不上如何去实现权利和义务的统一。事实上,罗尔斯在这里的确看到了世界现代化发展不

---

① 罗尔斯:《作为公平的正义——正义新论》,姚大志译,上海三联出版社2002年版,第6、25节。

平衡的现实,只不过他的结论在于社会和谐还只是发达国家的现实课题。也许正因为回到了现实,即现代化格局是由贫富差异构成的,所以罗尔斯的概念在这里反而有些模糊不清了,或者说偷偷地发生了变化,即政治权利变成了自由,而经济权利则成了义务。这样一来,公正原则就有两个悖论。其一:把财富由富人那里转给穷人是公正的;穷人分享富人的财富是不公正的。其二:必须自由平等是公正的;自由的不平等才是公正的。

有悖论当然就不和谐,不过这个悖论也不难理解。就像前述(第二章)民主政治的悖论一样,从理论上讲所有悖论的形成都是因为主词的自我相关,而在罗尔斯的悖论中,主词"公正"包括"权利"和"义务"两个含义,所以可以分别指涉相悖的两端。然而无论从逻辑上讲自然状态和社会公正,还是从事实上讲发展水平和社会制度,罗尔斯都是承认各种差别的存在的。这些差别的存在本身与平等与否及公平与否都没有关系,而公正是否作为体现或落实了平等与公平的正义,取决于调节这些差别的幅度。照此说来,问题还是回到具体的社会制度上来,即虽然从技术层面探求作为公平的正义,但只有发达(也就是西方)国家才有资格或能力言及这个问题。不过,罗尔斯从公正的角度来讲权利和义务的统一,的确使制度对于社会和谐的重要作用具有了公正的普遍性。当罗尔斯主张"权利优先于利益"时,他认为是在遵循康德道德律令的原则。[①] 权利的优先性在于它独立于利益,因为和谐的社会虽然具有公平分配利益的义务,但此义务并不旨在使利益最大化,所以,是权利而不是义

---

[①] 罗尔斯:《作为公平的正义——正义新论》,姚大志译,上海三联出版社2002年版,第11、23节。

务具有道德的强制性。

事实上,法制作为民主的载体本身就是一种交易,包括市场经济和民主政治的交易,所以把权利和义务相分立是很自然的思维方式,而且这样才可以进行一分权利一分义务的交易。但是,在我看来,不管从哪个角度讲,权利和义务只有构成互为包涵的关系它们各自的存在才是现实的、甚至才是可能的。不过,这方面的问题我们在后面(第八章)讨论"超越民主"的时候再专门分析,这里只是指出,罗尔斯本来也是应该看到这种权利和义务互为包涵关系的,但是政治偏见使他不仅将此悄悄地回避开了,而且还以发达国家为标准偷换了"权利"这个概念的含义,也就是把为市场经济服务的政治义务(及其权力)当成了权利。

按照上述罗尔斯的看法,一方面,权利的产生来源于义务(即道德上符合自然状态的社会公正),但这只是在没有法律的早期社会和现在的发达国家才具备了现实的可能;另一方面,如果自由是指权利平等,那么只有使利益分配达到公平的义务才具有公正性。这种包涵关系在罗尔斯大致可分为三个层次。其一,作为一般概念的公正原则是义务包涵权利;其二,作为适用于发达国家的特殊概念,公正原则体现为权利对利益(义务)的优先性,因为政治权利由于领受了具有公正性的义务,经济权利的公平实现就体现为政治权利(即制度,从而也就包括相应的权力)的义务——这也许就是上述罗尔斯偷换概念的本意。其三,现实的公正是权利和义务的统一,它取决于调节自由主义民主、市场经济以及福利政策等各种关系的社会制度。

由上可以看出,不仅事实是法律意义上的权利和义务关系无法保证社会和谐,而且罗尔斯在第三个层面上还是回到了权利和义务的对称关系,而两者的互为包涵与否这个问题又被悬置起来了。的确,权利和义务既不可能在数量上一一对称,权利和义务的统一也不能保证它们各自、以及这种"统一"所具有的公正性。因此,尽管罗尔斯只是针对资本主义社会提出了权利和义务的公正(或正义)理论(且不谈这个理论是否具有实践的可行性),但其普遍意义却在于,和谐社会必然要求从法律政治的角度为权利和义务建立相应的包涵关系,以避免其单纯对称关系带来的不公正。

尽管《政治自由主义》里的思想被看作罗尔斯理论研究的转向,但那只是针对更为复杂的现实问题,试图从多元理性、或者善的多元性这个思路来补充前此研究的不足。因此,除了细节的针对性和相应的修改,《正义论》所阐述的公平和正义原则在《政治自由主义》里并没有任何实质性改变。相反,罗尔斯继续坚持他的西方中心主义、甚至优越感,认为作为政治的正义观念并不是针对所有理性者的,而是只适合已经建立了高度民主制度、并构成了相对封闭的公民伙伴关系的社会。不过正是在这里,罗尔斯自己也看出了法制本身的局限性,所以他说,新黑格尔主义的理性秩序还是需要和新康德主义的理想规范结合起来,因为"一种不包含任何正义社会秩序的结构性原则的纯程序理论,在我们这个世界上将毫无用处,在这个世界上,政治的目标是消除非正义和引导社会朝着一种公平的结构变化。"①

这是一种什么样的公平结构呢?总不能再用"无知之幕"来掩耳盗铃吧!其实,尽管公正原则不仅仅是一个道义问题,但是把权利和义务当成一种对称关系必然会失去公正的道义性,

---

① 罗尔斯:《政治自由主义》,万俊人译,译林出版社2000年版,第302页。

因为这样做只能是在公平交易的意义上对待权利和义务,而无论这种交易能否公平,权利和义务都是不能进行交易的。其实,也正是从交易的角度,权利与义务的关系才和民主政治与市场经济的关系成为二而一的问题,好像一切都市场化了,有损和谐的各种特权或不公正就不存在了。事实恰恰相反,各种社会不和谐的现实表明,只要从交易的角度来看待和谐社会的公正性,和谐就只能是对象性的,也即无论从人性还是秩序来看都是外在于人的。

然而,不仅罗尔斯回避了权利和义务的互为包涵,即使哈耶克(Hayek)提出的作为公正根据的"自发秩序"也是一个空中楼阁。什么样的法律才公正?对此不仅有政治因素(比如统治阶级按照自己的意志或利益需要去制定法律)的作用,而且更取决于能否确立所有人都愿意遵从的秩序,否则法律正义的公正性、也即公正本身就失去了根据和准则。对此,哈耶克想出了一个解释的理由,即认为真实存在着某种"未经设计的规则",比如语言,它作为自发的秩序规定着人们对意图的选择。哈耶克对此最著名的例子是所谓"乡间小路",就是说,虽然每个人都想找最近、最好走的路,但逐渐清晰并最终形成的小路却不是出于哪一个人的自觉设计,所以这种情况所遵从或体现的,就是一种未经设计的规则。① 哈耶克认为这种情况有着重要的政治意义,因为它表明了秩序形成的客观性和现实性,所以从合理期待和选择可能上讲,这种形成本身就具有了公正性。②

---

① F. A. Hayek: *The Counter-Revolution of Science: Studies on the Abuse of Reason*, Free Press of Glencoe, 1995, pp. 40.

② F. A. Hayek: *Law, Legislation and Liberty*, vol. 1: *Rules and Order*, Routledge and Kega Paul, London, 1973, pp. 30.

正因为有罗尔斯、哈耶克等人这些精妙而又奇怪的理论,权利和义务才不仅可以(其实是只能)相互分立,甚至还能跨越几个世纪为同一个说法而分别辩护。比如,同样是为了确立和捍卫市场经济的法制,在斯密("看不见的手")是从义务上维护自私(即资本主义私有制),而在哈耶克("未经设计的规则")则是从权利上维护自由(即资本主义理性)。从维护私有制的法制来讲,民主政治之所以和市场经济紧密结合,正在于政治权利(从制度的角度讲还包括相应的权力)对经济权利的义务。但是,作为国家形式,有什么理由说只有某种政治(比如资本主义制度)是民主的呢?而且,如前所说,市场经济的"市场"不过是一个法律概念,表示以平等的方式获得的平等权利之间的交易和让渡,那么又有什么理由说市场经济对相应政治制度的要求必然具有公正性呢?

事实上,无论是"看不见的手"或者"无知之幕";抑或"自发秩序"或者"未经设计的规则",都无法保证这些经济的、政治的或法律的平等的真实实现,不仅如此,把民主政治和市场经济绑在一块儿的现代法律本来就是人为造成的。比如,哈耶克自己就认为,实际上的法律比立法更古老,保护市场经济的法律并非不知道它也在保护不平等,但却只能把不平等看作个人运气,市场不过是对成功者的奖赏和召唤失败者继续努力的诱惑罢了。因此,当权利和义务的对称被合法地用于经济和政治关系时,不仅社会,而且市场(作为法律概念)的公平性也被排除了,剩下的几乎只是运气。在这个意义上讲,哈耶克担心大众民主会导向专制的看法倒是很有根据的,因为对民主政治和市场经济的拥护可能成为对社会公正的恶意利用。格罗·詹纳对此说了一句非常恰当的话:"市场经济本身既不好也不坏,既不对社会有益也不对社会有害,它正像其他的技术一样是一种进行劳动分工和竞争的经济工具,它在服务于社会的同时也给社会带来了伤害。"但是,造成这种伤害的东西,就是詹纳所说的把市场经济转化成破坏社会和谐的资本主义,因为"资本主义是危害社会、责任私人化和贬低劳动的市场经济"。①

## 2. 法制的量化

从权利和义务的交易不难看出,法制不仅也是可以量化的,而且必须量化,以便为不同利益和票数多少的操作提供一个民主的维系,同时又可以避免政治和道义的麻烦。

据说,民主和法制使得政治科学已经从定性的思维方法或习惯转向了定量的方法。有人把这种转变的标志放到了1885年,因为那时候欧洲列强在柏林开会,为了瓜分非洲殖民地讨价还价,于是就按照量化标准对待主权,杜撰出许多新名词,比如"有效占领"、"腹地"、"势力范围"、甚至"合法志愿范围"等。② 如果事实的确是这样,那么从那以后,这种量化主权的说法也就真的是在不断增加,比如"地位未定"、"托管"、"利益范围"、"安全考虑"、"监管"、以及直到今天联合国的"维和"等。甚至出兵去打主权国家是否合理合法,也全看现行的法制、以及联合国和所谓的国际法怎样去量化,而量化的内容也可以无所不包,

---

① 〔德〕格罗·詹纳:《资本主义的未来》,宋玮等译,社会科学文献出版社2004年版,第11、228页。

② 〔英〕格雷厄姆·沃拉斯:《政治中的人性》,朱增汶译,商务印书馆1997年版,第103—104页。

比如安全、稳定、民主、法制、人权、宗教、反恐等。

但是,民主对法制量化的目标从来就不是政治权利的表达,而是物质利益的交易和保障。比如,民主在西方本来是保护商人和资本家的,而在中国从一开始干革命时民主就是用来保护农民的。解放区和根据地的民主政权和政府之所以是民主的,就在于它给了农民物质利益和精神文明,包括分配土地、减租、减息、男女平等、废止包办婚姻以及识字学文化等。因此,根据革命的任务不同,民主的主体性对象也不同,比如井冈山时期是苏维埃公民,而抗日战争时期就是一切愿意抗日的人。

由上可以看出,民主并不仅仅是原因和动力,更是结果和状态;法制不仅需要量化,也可以自行其是,所以或者是事实上的合法,或者是由非法转为合法。同样,即使是合理合法的法制也是出于现实需要,而不是为了保护民主的平等权利。比如,1940年毛主席为延安的民主政权和民主选举制定了"三三制",即中共、党外进步人士、中间派在政权中各占三分之一。到了1949年协商建国的时候,大致就是把这个比例挪到政治协商会议上来,也就是各方政治力量在政权构成比例上的法定规范。随着现实的需要,比如全国人民代表大会召开以后,这种法定比例的做法并没有放弃,因为那将意味着不民主,所以就采取了相对独立、同时也离开政权的方式,即换个地方,把这种法定比例在实体政协的组织构成方面加以实行。

法制的量化处理并不排斥政治需要,但却不必定是偏狭的实用主义。比如,"一国两制"就是突出政治,也就是法制的量化办法,但却并不是简单的权宜之计,也不是从启动香港回归谈判才由中共单方面开始提出并使用的。就历史来看,至迟从中共在瑞金建立中华苏维埃中央政府算起,80多年来(除去日、伪政权不算,但从国共两党的政权或行政管辖来讲,时间还是连续的)中国的现实一直就是"一国两制",而直到现在作为两岸统一政治基础的"九二共识",根据的也还是"一国两制"。但是,除了量化的普遍性,中国的法制也有自己特殊的做法,应该叫做中国特色社会主义的法制体系。中共一直有个很好的办法、很好的传统、也是很智慧的说法和设置,叫做民主集中制,不过这显然已不是现代或西方民主传统所说的民主了。

不管哪一种民主,分工的秩序以及法制化(和法治化)使得政治精英越来越单面化,比如美国搞政治的人只会选举。由此,法制作为民主的基本载体,在中国也有完全属于自己的一些特色,最主要和最突出的,就是讲政治。比如,中共不仅在各级党组织设置"政法委",对法治工作进行专门领导,而且把党和法律并列。2015年4月,中共中央办公厅和国务院办公厅联合发布了《关于贯彻落实党的十八届四中全会决定进一步深化司法体制和社会体制改革的实施方案》,其中就提出"建设一支忠于党、忠于国家、忠于人民、忠于法律的社会主义法治工作队伍"。[①] 又比如,就多数国家来讲,工会是社会团体,是第三方力量,但是在中国则属于"人民团体",而且这类组织或机构在性质和数量上都是排他的和确定的。因此,合乎逻辑的是,2015年4月28日全国总工会举行庆祝"五一"国际劳动节暨表彰全国劳动模范和先进工作者大会,习近平出席并讲话,要求工会带领广大工人"跟党走";李克强主持并讲话,也说工会要"带领亿万职工群众坚定不移跟党走"。[②] 同样,中国的法

---

[①] 该实施方案见《北京日报》,2015年4月10日,第1版。
[②] 相关报道和讲话见《北京日报》,2015年4月29日,第1版。

制也要求在现代民主所说的社会团体这种第三方力量或非政府组织中建立中共党组织,进行领导;就连具体的法治工作,比如禁毒,也是首先要求"各地区各有关部门要切实增强做好禁毒工作的政治责任感"。①

法制的量化还包括法律的形式,也就是用不同的方式承载相同的性质。法制体系是针对全社会和全体公民的,但在中国,除了宪法、民法和刑法等成文法,还有一些法律法规是以中共中央的"意见"、"通知"等方式设置的,比如2015年2月发布的《中共中央关于加强社会主义协商民主建设的意见》、2005年2月发布的《中共中央关于进一步加强中国共产党领导的多党合作和政治协商制度建设的意见》等。从适用针对来讲,这些"意见"作为法律法规一般都是对政治制度的规范。不仅如此,与"国法"相并列,量化的法律在中国还有"党纪",也就是党的法律。比如,2015年4月30日中共中央政治局通过了《中国共产党统一战线工作条例(试行)》,并说这是中共关于统一战线的"第一部党内法规"。②

当然,"党纪"并没有、也不能代替"国法",但其重要性和政治刚性一点儿也不比"国法"弱。事实上,中共把从严治党看成最重要的任务,为此,中共中央在2015年10月发布了《中国共产党廉洁自律准则》和《中国共产党纪律处分条例》两个文件,也就是两个党内的法律。与此同时,中共中央为实施这两个法律还发出通知,指示全体党员、特别是党的干部"要把严守政治纪律和政治规矩永远排在首要位置,通过严肃政治纪律和政治

---

① 习近平在会见全国禁毒工作先进集体代表和先进个人时的讲话,见《北京日报》,2015年6月26日,第1版。
② 该条例见《北京日报》,2015年5月1日,第1版。

规矩带动其他纪律严肃起来"。① 作为党内的法制,各条纪律准则是很清楚的,各项处分条例也是很清楚的,但有些规定的内容含义则较难量化,还需要按照相应政治要求来理解和解释。比如,仅从条例的表述来看,"政治规矩"就不是那么自明和量化;而仅从字面表述来看,"政治上的明白人"的意思也是不很清楚和确定的。

上述情况表明,民主在社会主义法制中的真实有效与国体的性质是密切相关的。因此,尽管有斯大林、文化大革命、苏联和东欧的巨变,可是中国依然稳定发展的事实似乎显现了一个问题,即社会主义民主与否的一个关键因素在于最高领导人的德行操守。于是,法制的量化就存在由谁来监督这个问题。其实答案很清楚,理论上讲就是中纪委。

民主制度本身是以多数的名义成为合法的,所以需要相应的法制量化设计,比如延长表决期限、解散议会、提前大选等,但这只是某一时间、某一场合、某一群体、甚至表面形式的多数,并不是人民的(公民的)或道德的多数。这些做法的实质,就是争取决定权的多数票,而不是为了达致合乎所谓公意和民意的赞同。尽管投票的法制量化是靠不住的,但民主却说票选是为了落实和保障人权。从程序上讲,多数和少数总是对象性的、相对的、变化的,但从本质上讲,真正的和最大的多数应该是非对象性的、绝对的、不变的。因此,这个多数就是人本身。但是,惟其如此,人性、人权、法制这类东西都只是人所创设的对象性的东西,统领它们的应该是道德,而法制的道义性也就在于此。比如,废除死刑的做法看起来是在讲人道,但是对于具体而真实的

---

① 该通知见《北京日报》,2015年10月22日,第3版。

道德来说,这无异于践踏正义,甚至助纣为虐。

最具有法制量化特征的行为就是票选,但这种做法或制度的安排看起来是为了民主的多数,其实完全是技巧的操作,因为票决结果只不过是瞬时发生、并针对某件事而言的。因此,选票的多少与政治的多数不是一回事,甚至相反,并且更具有欺骗性。比如,说起来选举是"现代"政治,是不搞家族群带、不拉帮结派的,实际上做起来却完全是另一回事,很多报道都指出,美国的选举政治、尤其是总统选举一样也有所谓"家族"和"圈子"的现象和因素。① 反过来也一样,反对修宪和解禁集体自卫权的日本民众主要仍是出于对法律秩序的尊重,所以明知安倍在利用议会中自己同党的多数,也不大会用游行示威的方式把安倍政权推翻,而议会中的反对力量还没有达到能够把他弹劾下来的多数程度。当四名日本大学生公开绝食抗议这个新安保法案的时候(2015年8月27日),其中一名学生井田敬就明确表示,"仅凭议会多数来做决定是对民主主义的否定。"②

法制安排的投票民主还有一大弊端,即不负责任,也就是说,领导人在搞不定的时候可以辞职。看起来辞职是因为"引咎",实际是把国家和社会的一大堆困难扔在一边不管,而对那个"咎"却没有一点儿惩罚,甚至有些做法(比如全民公投)就是事先设计好的阴谋。这些程序上的多数、以及争取有利于自己的多数的实例几乎天天在世界各地上演,而且几乎都与法制的民主与否、以及法律的合乎道义与否无关。比如,至少从20世

---

① 相关报道见《北京日报》,2015年4月27日,第21版。
② 相关报道见《参考消息》,2015年8月29日,第3版。

纪50年代起,美国就一直根据自己的政治理念来要求伊朗,并相应地决定是否制裁伊朗,但却用毫不相干的核能利用做借口。现在是解除制裁了,但所有这些所谓积极成果丝毫没有为人类带来什么核安全,即使就伊朗本身来讲,以后将怎样"和平"利用核能、以及又将和西方生出什么矛盾或纠纷,也都是很说不定的事情。

不仅不能指望"伊核协议"这类的法制有什么未来,即使联合国的法制设计,所追求的也不是什么民主或道义,而还是如何获得多数,只不过更为明显的问题在于,联合国的法律使得它的各项政治活动只能是一种软弱的多数。一方面,有着安理会常任理事国的一票否决权;另一方面,就算是联合国大会高票通过的决议也无法保证执行。同样,由于不可能拥有多数干脆就以少数来走极端的事情也是有的,比如朝鲜随时进行的核弹试爆。但是,全世界的民主对于这种极端少数的做法也只有束手无策,因为这既不是民主与否的问题,更谈不上什么程序民主。

## 3. 法律与道义

法制的最初设置就是从维护私有制出发的,一切所谓天赋权利说穿了也是如此,所以为了掩饰这种明显的利益保护和目的取向,逻辑上必然只能把所有个体都委托给每个个体都没法干涉的一个东西,也就是法律。但是,这种逻辑和做法故意回避的关键问题是,法律也是人定的,即便英国法律传统所谓的经验和习惯,也是资产阶级统治的经验和习惯。没有利益取向及相应政治理念的法律(甚至法学思想)是根本不存在的,为此,讲法制也可以不顾民主、公平、道义、甚至事实。

比如,美国的法律起诉包括"仇恨罪",这就近似于欲加之罪了,因为"仇恨"不仅是对象性的,而且也有正义与否的区分,所以根本不能、也不应该将"仇恨"本身定为一种"罪"。然而事情还不止于此,法制最为不讲道理、也就是完全不顾事实的做法,就是所谓要尊重、并必须提供"法律事实"。换句话说,即使是明明白白的事实,而且所有智力健全并有相应经验的人都能够对此加以理解和认定,也还是要由事先规定的法律标准来重新判定,否则这些事实就不能成立,或者说不为法律认可。对此也可以举一个近乎荒唐的实例来说明。

委内瑞拉前总统查韦斯去世的时候,使用的灵车是林肯城市1998款的加长礼宾车,但这辆车却是委内瑞拉政府向哥伦比亚麦德林的一家殡葬公司借来的,而且公司经理路易斯·费尔南多·阿朗戈还愉快地表示完全免费。于是,委内瑞拉空军派专机将这辆车运回国。然而没想到的却是,等到要归还此车的时候,哥伦比亚政府竟以"手续不全"为由拒绝入境,并告之如果入境也只能当作盗抢的车辆处理!就这样,这辆车在两国边境属于委内瑞拉的一个地方放了三个月,最后还是在2013年6月被哥伦比亚政府没收,并于2014年进行拍卖。结果,此车由一位买家用4.5万美元买走,而阿朗戈及其公司对此毫无办法,因为真实的事情得不到"法律事实"的认可,所以只能眼睁睁地看着。

从现在的做法来看,由于讲所谓人权,把惩罚分解量化,以至于法律在很多时候就是保护坏人的。因此,关键不是法律如何"健全"、法治如何"坚定",而是如何使法律真正具有与高尚操守相一致的道义性。比如,中共反腐败就具有这种道义性,而与是否民主或集权都没有关系。中共所说的敢不敢、能不能、想不想腐败或违纪,指的应该是一种釜底抽薪,为的是使最大多数人、从本质上讲甚至是使所有人不会或不再犯罪。比如,20世纪50、60年代中国就是夜不闭户、路不拾遗的,当然那时候除了道德,还有一个重要的原因就是家家都没有值得偷的东西,尤其在农村。反对的意见当然可以指责说,这是贫穷,长期下去肯定会不可忍受的。但是,法律需要道义性的道理也正在这里,即同样可以创造出高物质水平、高道德操守、高财富平等状况下仍然的没有东西值得去偷的社会风气,这至少是因为你家有的所有人家都有。其实,当今世界的财富完全可以支持、或者说达到了这种"釜底抽薪",但恰恰是民主使之成为不可能,而且这种不可能还受到法律的保护。

  当然,不管用什么办法,即使全世界都是谦谦君子了,极少数的犯罪行为也总是会有的,但这与上述道理无关,因为从不存在抽象的人性和人权来讲,现实总会有的那些犯罪主体根本就不配算作人。因此,至少从逻辑上讲,属人的法律与民主和人权都无关,而应该与保护最大多数是一致的,也就是说,法律不仅需要、也应该符合所有人的利益,并且可以用最简约的方式来惩治违法者。

  但是,上述说法肯定会被认同现行法制的人认为是疯话,或者是不讲人权的古代暴君和酷刑。然而正因为如此,现行的法制不仅很软弱,而且西方的一些行为已经表明,这种法制所承载的民主恰恰是要不得的标准。比如,美国的民主从来就是双重标准和各种流氓政治,包括到处监听所谓自己的"盟友",但对于美国的这种违法劣行,受害国也是根据相对的实力和利害关系、而不是什么民主、法制、人权、道义来做相应的反应。由是,对于美国的监听,英国、德国等国家还抱怨几句,而日本几乎什么都不敢说,只是表示"遗憾"而已,连国内的主流媒体也都纷纷故意回避报道和评论。不仅如此,美国还把监听日本的相关情报与英国、澳大利亚、新西兰、加拿大等国分享。这简直就像是一个窃贼和强盗的俱乐部,内部因为分赃不均吵吵闹闹,对外则以大欺小、恃强凌弱。

事实上,鲁迅所谓"强盗装正经"的勾当大多就是以法制(或者法律与道义)的名义来做的。换句话说,不讲政治道德和人情天理的法制只会助纣为虐,而最为典型不讲道义、不讲政治的法律实例,就是历史上的东京审判。对于二战时期的法西斯,真正的罪名应该是"侵略"、"殖民"或者"非正义战争罪"以及"故意杀人罪",而且这些罪行根本不是法律问题,而是政治问题,是明白清楚的人民公敌。因此,本就不应该不审判日本天皇,更不会把用活人体做实验、强征慰安妇等罪行避而不谈,甚至故意排除。如果是讲道义、讲政治的法制,就不至于费力搜集所谓"证据"才能为那些战争罪犯定罪,因为侵略战争是明明白白的事实,根本不需要提供和推定什么"法律事实"。

但是,作为民主载体的以及主张人权的法制不可能像上面讲的那样去做。我相信,当年组成远东法庭的国家、以及这些国家的检察官、法官和律师,除了中国以及它的检察官、法官和律师,都真诚地认为它们和他们是在主持正义,是在讲民主,是在声张人权。然而我更认为并确信,那次东京审判不仅是帝国主义者们的沆瀣一气,而且是民主法制以及人权等等的虚伪本性大暴露。

其实,完全是出于帝国主义们的集体和各自利益,嘴上说的同一个法制就可以、而且必然会有不同的做法。二战结束时也对德国的纳粹战犯进行了审判,其根据是1945年7月17日召开的波茨坦会议的决定。会上,美国、英国和苏联重申了《雅尔塔协定》,并且决定要使德国"去纳粹化"。这是一个极其重要的决定,因为它不仅是一种政治共识,而且明确了反法西斯战争胜利的无可争议及其正义性,而组织军事法庭在纽伦堡审判纳粹战犯,不仅就是"去纳粹化"的重要内容,而且也是"去纳粹化"过程的法制开端。现在,人们都看到并赞扬德国对纳粹罪行的认识,以及对新纳粹和极右势力的警惕,却可能忽视了战争输赢的不同状况所带来的心态影响,包括民族情绪。在这方面,并不是没有历史教训可以借鉴的。比如,在第一次世界大战结束之后,战败了的德国①军队在返回自己国家时受到了英雄凯旋般的迎接,而这一历史情况肯定成了希特勒可以利用的政治因素和民族情绪,即必须以一场胜利的复仇来证明自己并没有失败。直到第二次世界大战,苏联红军彻底摧毁了柏林,才使政治的正义性胜利真正成为双方都无可争议的事实。

日本的情况完全不同,不仅没有任何一个战胜国打到日本本土、更不要说占领东京了,甚至日本也没说过什么"无条件投降"。事实是,美国国务卿不仅同意日本保留天皇制,而且自作主张地宣布,他把日本接受《波茨坦公告》视为无条件投降。与此情况相一致,不仅没有确定"去日本法西斯化"或"去日本军国主义化"之类的政治性质和相应安排,而且日本战败后的东京审判更像是美国炫耀自己战果的一场庆功仪式。因此,毫不

---

① 这里姑且就叫做德国吧,因为对于包括德国人在内不专门研究历史的人来讲,不仅弄不清楚德国、奥地利、普鲁士的关系变迁,而且简直就把他们看作一家人,更重要的是,发动了法西斯战争并给世人带来惨痛记忆的正是纳粹德国。

奇怪的是,日本其实是有条件投降的:不仅由于整个资本主义阵营的袒护,放过了日本天皇的罪行,而且还出于美国私利所做的秘密交易,放过了对日本国家和军方搞活体实验、进行细菌战、以及强征慰安妇等诸多严重罪行的起诉。更有甚者,远东国际军事法庭居然还要到处搜罗和出具所谓的证据,并且历时两年多,庭审817次,才艰难地确定被起诉的战犯有罪。

法律虽然不讲道义,但为了承载并显示民主,也要讲形式的多数,所以有陪审团,以使判决可以由投票决定,从而彻底割断了法律与道义的最后一丝联系。于是,在远东国际军事法庭那些主张人权和民主法制的11个法官(代表11个国家)中,竟有半数认为应该废除对于日本战犯的死刑,还说这是文明的体现!如果不是中国的法官据理争辩和竭力说服,恐怕那些十恶不赦的日本战犯真的就都不处死了。即使如此,东京审判也只判了7个战犯以绞刑,大多数都释放了,包括岸信介。同时,正因为讲法律不讲道义,才使美国能够以拿走731部队的实验资料为己用作为交换,不仅731部队的头儿石井四郎、而且所有731部队的人都没有受审,并很快就在高校、医院、政界任要职,甚至用731时期的实验做博士论文。

东京审判已经是对民主的法制的嘲弄了,但是日本并不领情。由于八路军没有像苏联红军攻入柏林那样打到东京去,所以日本并不认为自己战败了,至少不认为败给中国了,极右势力更是渴望像希特勒一样东山再起,取得胜利。因此,战后日本右翼势力一直不绝的情况与东京审判留下的后遗症是有因果联系的,尤其是东条英机等甲级战犯的骨灰在1978年移入靖国神社,成了日本法西斯和军国主义死灰复燃的希望象征。也正是由于法律不讲道义,只讲民主的多数,才给军国主义复活提供了机会、甚至根据,以致安倍才会在2015年8月抗日战争胜利70周年之际公开说,二战后出生的日本人不必背负"谢罪的宿命"。

其实,安倍这话一点儿也没错,因为正义的伸张不在于道歉与否,更不是什么"谢罪的宿命",而在于必须承认日本侵略别国的历史事实,谴责这种侵略,保证并制定相应措施使这种侵略战争不再重演。这里的问题完全不在于健全法制和严格法治,而在于如何讲政治。德国明白了这个道理,所以纽伦堡审判以后新的德国把追究纳粹战犯作为永久的责任,而且在1979年宣布各种新纳粹言论不在"自由言论"之列,不受法律保护,新纳粹的行动更是犯法,都要追究刑事责任。同时,德国也制定了相应的法规,包括规定中学要有相当课程讲授纳粹历史、尤其是屠杀犹太人和设立集中营的恶行、以及要求老师也必须能讲授这些内容等。

东京审判如果讲正义,就会建立另一种国际政治基础。对此,比较一个事实就可以看得很清楚:东京审判没有一个大战犯认罪的,但新中国审理的日本战犯没有一个不自己认罪的。但是,恰恰是所谓法律审判,掩盖了抗日战争胜利的政治正义、甚至军事意义。也正是沿着这种不顾历史事实的逻辑,才会出现让安倍这种新军国主义的人上台掌权的极右事件,甚至当联合国秘书长潘基文宣布来中国参加纪念抗日战争胜利和世界反法西斯战争胜利70周年活动的决定时,日本政府竟然也敢公开表示不满。奇怪(按照民主法制的逻辑当然毫不奇怪)的是,联合国居然还搭理日本的这种无理要求,说纪念二战是反思历史的一个机会,潘基文希望所有国家都能利用这个时间反思历史、考虑未来。

严峻的事实在于,按照现在的政治学理论、逻辑和社会制度的规则,如果要求法律讲政治、讲正义,就等于不讲人权、不讲民主。同样成问题的是,现在只有民族主义是公开的道德,但标举民族主义并不能阻止对于道义的遗弃。比如,中国今天就有一种倾向,完全不讲战争的正义与否,甚至也无视历史事实,只说什么自己人不打自己人。的确,在历史的特定时期,一致对外是民族大义,也是最根本的政治道德,所以只要抗击日本侵略者,就都属于统一战线的力量。但是,正义与非正义才是更为本质的战争道义,包括对别国的"自卫反击",所以"内战"并不等于"自己人战",更不等于只要有过抗日行为就成了好人、就可以对自己的所有恶性和恶行免责。比如,即使是在民族战争时期,蒋介石不仅仍然始终视中共及其武装为第一心腹大患,而且在抗战胜利后还包庇日本大战犯冈村宁次,让他逃脱了审判。再看今天的日本右翼政治,尤其是安倍本人,甚至在纪念广岛核爆70年的讲话中也不提"无核三原则"了。对于这些情况,法律能有什么用处,民主又能够出面制裁吗,而且制裁就能够管用吗?

## 4. 小结

相对政党来说,法制作为民主基本载体的主要功能是机制性的,既要提供政治、经济、社会等领域运作的规范,又要保证这些机制性规范具有民主的性质。为了做到这些,法制的合理性就必须是根本的和普遍的,然而事实上不仅法制的这种根本性和普遍性都与它的性质是否民主没有内在关系,而且在真实的运作中法制甚至是与民主相矛盾的。

　　法制的依据从来就不具有客观性。就像不存在抽象的人权,对于法制来讲,也不存在各种"自然的"法则或善义。法制运作的大多数既是法制的对象也是它的主体,所以真正的矛盾在于,法(以及法律、法规)从来就是人制定的,但这个人却未必是、甚至从来就不是那个"多数"(全部、整体)本身。不仅如此,这个"多数"的身份或资格从来就是政治性、而不是法律性的。从法制的民主性来讲,"人民"本身就是一种政治划分,而且根据不同的政治理念和制度,其划分标准也是不一样的和可变化的。至于公民权,其实也是一种政治权利,而不是法律权利,所以更不存在什么法律面前人人平等。如果说"人民"的真实含义和标准是变化的,那么公民权更是被赋予的,当然也就是可以剥夺的,而且剥夺的内容和形式也都是可以量化的。比如,在中国就有一种量刑内容和标准,叫做"剥夺政治权利",而被剥夺的时间从几年到终身不等。

　　由于法制根据的难以自圆其说,现代法学历来的主流理论其实都是一种交易平衡。从维护私有制这个本质来讲,法制是民主政治与市场经济的交易;从对于大多数(或全部、整体)人的有效性来讲,法制只能是一种权利和义务的交易。由此带来的一大弊端,就是以一分权利一分义务的对等交易阉割了所有人(或者叫公民)自己管理自己的自觉性和责任心,从而也就使法律与道义的分离成为可接受的民主常态。

　　法制的量化显示了法制实施与民主性质的突出矛盾。最常见的情况是,法制及其实施(即法治)往往(在大多数情况下甚至总是)不讲道义和政治,所以也就失去了民主的价值,或者说造成了法制载体与其民主性质的矛盾。但是,法制如果必须依据、甚至服从道义和政治,显然又会失去民主的形式,或者说,很容易产生各种集中或极权,其实,即使是正常的司法,同一个法律能否正确实施也是由政治因素决定的。比如,尽管也有纠错规定的法制和民主,但事实上总是由于最高政治权力的相关决定和要求,检察院和法院才会、也才能够将十几、二十年前的冤假错案复查重审并改判纠正过来。

# 第五章　现代化竞争

　　现代化作为民主基本载体的根据是从总体上讲的,也就是人类的文明形态,因为毫无疑问,如果说今天有什么事情是世界各国最为认同,同时也都在加紧干的,那就是现代化,其特征在于内容与形式的同一,以及观念追求和技术手段的同一。

　　现代化有两层意思。一个是文明在方式和形态上的要求,也就是把这些文明方式和形态叫做"现代",然后设法使它们在所有方面都"化"起来,或者说把那个"现代""化"到所有方面去,所以这层含义虽然是一种矢量,但主要侧重的是相应的技术标准。另一个是指从所谓"传统"向"好的"和"高级"的"现代"文明的转变,所以这层含义既假设了这种转变的合规律性,同时又表明了它所具有的道德导向及相应要求。这两个意思往往同时使用,致使所说的现代化含义混淆不清。比如,从技术层面讲,"农业现代化"是可以理解的,但是说"治理体系和治理能力"的"现代化"就歧义多多了,因为技术层面的"治理"现代化勉强可以理解,但是"能力"如何现代化就十分费解了,更不要说治理本身其实是有明确政治导向的,而这种导向很难用中性的"现代化"来表示。又比如,即使是学术上的"政治发展"这个词汇或概念,也是民主政治在现代化背景或话语中的专有说法,叫做从传统(专制)政治向现代(民主)政治的转变。

不过,政治意义上的传统向现代转变是以社会的演进为前提和基础的,也就是认为人类社会有一个由低级向高级发展的规律,而"现代"就是比"传统"更高级的社会。但是,什么叫做"传统"呢?撇开留存下来的、或者被继承的所谓"意义"或"价值"不谈,至少从时间上讲,难道不是所有东西分分秒秒都在成为传统吗?因此,这个转变如果是有真实含义的,就必须有一个"前后"的针对。实际上,这个针对是存在的,现代化"之前"的社会其实就是指封建社会(尽管这是马克思主义历史观的文明演进划分,但学术界也已经很熟练地使用着这个划分,并没有因为世界观、历史观、以及政治理念等不同而感到有什么不妥)。

但是,这里面的确隐含着巨大的问题,甚至是故意的陷阱。这个陷阱就在于,如果现代社会之前的社会真的是"封建"性质的,那么西方的工业化就是"进步"的,而与此相一致的民主政治也就是"进步"的。然而事实却是,在叫做"封建社会"的漫长时间(中国就有两千多年)里,世界各地的各种"封建"的性质和功能是很不一样的,而像美国这样的地方根本就从来没有过什么"封建"社会。因此,即便欧洲(或许也可以包括美国)的资本主义工业化真的具有民主性质,那也并不意味着所谓"反封建"在欧美与在其他地方、尤其在中国的意义是一样的。相反,所有这些由"封建"这个传统社会转为或者说进步到现代社会的帝国主义列强,统统都在全球疯狂地瓜分殖民地,并竭力压制那里的独立和民主。

由上,这一章主要谈两个问题。一个是前提性的,就是"封建"在中国和西方(主要指欧洲)的不同历史状况及其真实含义,另一个就是在此基础之上关于"现代化"的专门阐述。我们将看到,这两个问题的分析都指向同一个结论,即现代化作为民主的文明载体即使不是一个阴谋,也是一场与民主多有矛盾、并将最终彻底解构民主的疯狂运动。与此相伴的,就是以经济为核心力量的现代化竞争,并由此导致人类走上了一条疲劳致死的不归路。

## 1. 不同的反封建

由于有了民主,世人都要求发展,所以不仅把从传统向现代的转变看成是进步的,而且还认为这是一个文明或社会演进的规律。于是,依照这种"进步"的道义性和"规律"的科学性,在现代社会"之前"的封建社会就是要不得的"传统",必须反掉。还有一种与此看法相呼应的倾向,就是认为西方的反封建比中国的反封建时间长,而且也更加彻底,所以中国的政治民主不如西方的完善。

上述所有看法都是错误的,因为都不符合事实。假定存在这种进步和规律,那么至少从逻辑上讲,彻底反掉了封建的西方资本主义应该被后来的社会主义彻底反掉才是既进步又符合规律的事情,但这是资本主义无论如何都不承认的规律,更是它无论如何也不愿意看到的情况。显然,对这些问题的说明都是理解现代化作为民主的基本文明载体的重要前提,因此,也就需要先指出所谓"反封建"在西方(主要是西欧)与在中国的不同含义和状况。当然,这里不可能、也没有必要描述历史,只不过是和第一部分讨论民主本身的含义和情况一样,在大家都知道的常识基础上指出本应得出的结论。同样,因为从民主以及现代化的肇始、作用和影响来讲,这里要讨论的主要是英国和法国,而不必一定包括地域上的全部欧洲情况。

一个明显的事实在于,中国的"封建主义"找不到一个合适的西文来翻译。现在用的 feudalism 一词,主要是一个政治用语,指中古时期欧洲贵族或庄园主与其领地中的男性居民的一种政治(乃至法律)关系,后者须为前者服兵役及其他劳役,以换取对前者的土地的使用,以及在自然灾害和兵匪袭扰时能够指望前者对他们加以保护。feudalism 的另一个延伸含义,指各种寡头政治制度。总之,它基本上不具有中国"封建"社会的经济含义。

的确,另一个同根源的词 feudality 倒是也有封地、采邑、诸侯、贵族等含义,但基本上仍是从政治角度讲的,或者说相应的经济因素不过是政治等级及其权利和权力的附属物或关系。因此,这种社会结构并不和中国中世纪的封建社会结构相同,而仅仅部分类似于中国先秦时代的"分封制"。实际上,欧洲的封建社会基本上就是在某种分封的意义上成立的,而专门表示"分封"的词(enfeoff)在欧洲是一个法律用语,除了指"赐以封地"、"授以采邑",更指"让渡"。相比之下,中国虽然没有经过资本主义的充分发展阶段,但中国的封建社会倒是得到了"充分发展"的。

分封意义上的中国古代封建制,至迟在周武王时代已开始形成.当时是指周族君王的分封国家,其封建系统中的等级标准有公、侯、伯、子、男五类。就国君的出身来分类,主要有三种情况,即先代君王的后裔、同姓、功臣之后嗣。分封在此纯粹是一种政治结构,天子主要靠巡狩和朝觐来维持中央与各封国的关系,并依各封国的政绩给以奖罚。在分封制时期,土地是公有的,但由贵族掌握。天子把土地分授给卿大夫,卿大夫再分授于士。有土地的各级贵族形成大小采邑,在其领地上劳作的大半是他们的奴隶。采邑规模的大小,是依被分封者的政绩状况、与中央权力的利害关系、以及与天子本人的亲疏血缘等因素来决定的,而与采邑的经济经营状况和绩效好坏无关。整个说来,分封制时期的经济结构是从属于政治结构的。当中央权力完全不能达到和控制各封国时,古代封建制便瓦解了,取而代之的,就是由秦统一完成的郡县制。与此相一致,分封制时期贵族的奴隶在法律意义上是属于国家(指封国)的,这和稍后兴起的工商奴隶主的奴隶为奴隶主私有或私属的情况是不同的。

但是,中国后来反封建、尤其是中共领导的新民主主义反封建的针对完全不是分封制,而是以土地的地主私有制为基础的封建社会,而这种形态的封建社会在欧洲历史上不仅发育很不成熟,甚至根本就没有产生。在中国,古代分封制过渡到中世封建制的核心含义,就在于形成了由地主与农民构成的主要经济关系、即土地私有制的封建社会。春秋时期,土地成为争夺对象,除了武力征占,还有买卖兼并。在土地向少数人手里集中的过程中,有着各种不同身份的人,其中"士"是土地兼并规模较大、人也相对有文化和比较精明的阶层,但他们在政治上多是平民,而不是贵族,因此大多也就在掌握了土地的同时,从经济上把自己变成了地主或者地主兼工商业主,而不是奴隶主,更不可能是诸侯和贵族式的庄园主。

地主与工商阶级在战国时期对土地的兼并买卖已十分普遍,而由此造成的贫富两极分化,更是建立在土地私有制基础上的。因此,尽管到了三国六朝时代,士族地主和庶族地主的分化才十分明显(此现象到了中唐开始转变),但在土地私有制意义上的地主对佃客(不具有人身依附性质的农民)的封建经济剥削却是在秦代已开始确立了。这种封建经济结构直到清末乃至民国时期都基本如此,只是层次更加丰密,政治态度也越加保守。

上述中国历史由政治结构的分封制向经济结构(当然与此相适应的是寡头政治体制)的封建制度的过渡,在欧洲中世纪直到资产阶级革命时期(17世纪中期到19世纪中期)的封建社会形态中都不曾有过。在欧洲的封建社会中,不借助外力而直接走上现代化进程(经由资产阶级政治变革)的国家,以英国和法国为典型代表。英国最早是由贵族和国王的政治斗争而提出"自由"要求的,即明确贵族与国王各自的权利和义务,其结果就是"大宪章"(1215)和议会。这两项结果,都以法律的形式规定了调整后的经济结构,即国主必须在同贵族和商人协商(协商即议会的本义)之后才能征税。

但是,英国资产阶级革命根本不存在什么"彻底"的反封建,而是封建社会权力内部的改革适应了新的经济结构。尽管欧洲的土地私有制早在罗马帝国时期就形成了,但土地名义上仍是国家的,只不过一直都是通过分封授予诸侯和贵族,至于土地私有制中的人生依附关系则是后来日耳曼人建立的。这种土地私有制是以庄园的形式运作的,庄园不仅仅是庄园主的占有地,而且同时也是一种经济制度、一种社会结构、甚至一种政府形式。但是,由于这一切所具有的政治契约性质及其结构性功能,包括分封授予对土地私有的制约,所以领主或庄园主对土地的经营严重缺乏经济上的利润动机,以致直到12世纪欧洲的农业还处于粗放型的轮作制水平。相反,政治契约的习惯倒是带来了一种内部调整的便利或条件,就是从大宪章之后,各种法律文件作为国王、贵族、僧侣的协商妥协结果,使得平民资产阶级在反抗王权专制时有了现成的依据和方式。因此,从17世纪中期短暂的内战,再经过四十年后的"光荣革命",直到第二次世界大战以后,英国的政治现代化都是在执政者不断地和平改革中逐渐完成的,并由此保证了经济现代化的稳步发展。

法国虽是用革命的手段完成了资产阶级民主政体对国王和贵族专制政权的替代,但同样也不存在什么"彻底"的反封建。和英国一样,法国也没有经过土地的地主私有制,而也是随着政治契约关系调整变换占有者,并最终随着工业化进程逐步成为资本主义的土地私有制,尽管法国比英国迟了一百多年,在18世纪才开始出现这种情况。法国大革命的确出现了局部的武装暴力,但这只具有表面形式的意义,即并非是为着反封建的必须。相反,自巴黎公社的街垒战之后,法国也不再有激烈的暴力冲突,而且巴黎公社所反对的已经是资产阶级而不仅仅是封建社会了。有意思的是,封建贵族一直就在反对国王和资产阶级方面来回摇摆和投机,但落魄的或破落的封建贵族这时几乎毫不犹豫地加入了反对资产阶级的行列。至于整个的政治现代化,在法国同样也是以改革的方式逐渐完成,比如妇女的选举权直到1945年才实现。

其他"西方"国家的"反封建"也多和中国不一样。德国和意大利是借助外力(先是拿破仑,后是两次世界大战)由贵族专制转向资产阶级民主政体(包括民族统一)的;北欧(瑞典、丹麦、挪威、芬兰)和低地国家(荷兰、比利时、卢森堡)都是伴随着民族独立,由统治者自上而下的改革逐步实行政治现代化的。

在欧洲以外的"西方",也就是美国、加拿大、澳大利亚、新西兰等国的现代化,基本上就是英国资产阶级民主政体在其殖民地的逐步推行和建立,而且除了美国,这种推行和建立都是以和平的方式由殖民地和作为宗主国的英国共同完成的。因此,严格说来,在这些国家中根本就不存在专门的、或者说作为革命主要内容的"反封建";至于西班牙、葡萄牙,还有日本这些"西方"国家,甚至是在保留相当多封建专制因素的情况下进行资产阶级政治现代化的——直到今天。

总的说来,欧洲资产阶级革命的反封建是平民和半奴隶性质的领地属民对贵族和教会的反抗(国王往往倒是这种斗争中的双方都加以利用的力量),根本不具有20世纪中国革命中农民破除地主阶级土地私有制的反封建性质和武装夺权斗争的反封建形式。简括地说,中国现代化进程(以武装夺权的革命为必要先导)所反的"封建"首先是经济意义上的地主阶级土地私有制,而欧洲现代化进程(以权力内部的调整为适应性保障)所反的"封建"主要是政治意义上的贵族君主专制。

当然,这样讲绝不意味着中国和欧洲两者反封建的不同在于一为经济问题,一为政治问题,而是说,两者所要反对的封建在政治和经济乃至文化方面都是不同的。就变革生产关系这一根本意义上的反封建来讲,欧洲主要是商人和工场(先是手工而后是机械)工人对其自治权利的争取,与此相适应的是要求政治体系和意识形态方面的民主、平等、自由、人权;在中国,则主要是农民要求分有土地(而后是用由暴力夺取的政权来对包括土地在内的各种私有制实行废除),与此相适应的是要求政治体系和意识形态方面的人民民主专政、民主集中制、公平、革命觉悟。

## 2. 追赶的运动

由于存在不同的封建社会,现代化其实是由于工业化的西方(包括明治维新后的日本)对各主要方面仍处于封建社会的中国的殖民瓜分而生成的。这样讲的主要根据在于,帝国主义列强全球范围的殖民侵略或扩张一直是单方向的,也就是侵略者、开拓者、以及宗主国到处抢占殖民地,但是当他们到了中国的时候,情况变了。首先,列强对中国的入侵和控制遇到了极大的阻力,几乎不可能取得完全的成功;其次,几乎所有列强都跑到中国来了,而且它们之间相互争抢势力范围和利益的斗争也空前激烈;第三,中国在维护自己主权和利益、以及反抗外敌的时候,也以各种方式尽可能地利用列强之间的矛盾,使得单方向的入侵变成一种多方胶着的混战;第四,也是最重要的一点,就是列强入侵的结果,即一方面中国成为半殖民地半封建,另一方面这种状态终止了列强在全球范围的殖民地瓜分。其实,这些变化所反映的状况,就是列宁为了说明帝国主义性质而指出的它的第四和第五两个特征,即"(4)瓜分世界的资本家国际垄断同盟已经形成;(5)最大资本主义列强已经把世界上的领土分割完毕。"[①]

因此,一个很明显的事实在于,这种现代化从一开始就知道自己在侵略别国,因为西方列强有明确的"主权概念"。对比之下,当时的中国甚至只有自我中心的政治意识而不是明确的主

---

① 《列宁选集》,人民出版社1975年版,第二卷,第808页。

权概念,尽管康熙在世界上第一次(1714年)由政府主导来勘测绘制地图,当然技术人员(也是官员)是法国传教士,结果画出了李约瑟称之为当时世界上最好、最精确的《皇舆全览图》。接着,清朝对俄罗斯打了胜仗,签了《中俄尼布楚条约》。虽然这是国与国的条约,也是第一次对别的国家简称自己为"中国",但基本上也是为了解决划界问题,而且从以后清廷对待外国的态度和做法来看,仍然没有主权概念。其实,欧洲的威斯特伐利亚条约大体也是划界的意思,只是随着向世界各地的殖民侵略,才凸显了主权概念。换句话说,明知主权而强行进入,就是侵略,而中国则是经过各种条约才被迫认识主权概念的。在这个意义上讲,世界现代化的开端可以1840年中国在反抗英国输入鸦片的战争中打输了而被迫签定的《中英条约》为标志。

世界范围的殖民地已经瓜分完毕之后,随着时间的推移会出现什么情况呢?两个情况。一个是道义上的,也就是连帝国主义者自己都知道,被压迫、被殖民的国家或地方的独立要求和武装斗争是合乎道义的;另一个是经济上的,也就是说,直接的资源掠夺和经济剥削的成本越来越大,尤其是这些被掠夺和被剥削的国家越贫穷,世界上有购买力的人口就越少,帝国主义资本家想要赚钱的市场就越萎缩。于是,西方就鼓动世界各国都去搞现代化,说这样穷国就能逐步向富国看齐,并最终过上好日子,而且还宣称,现代化的合理性和合道德性不仅仅在于市场经济,更在于民主政治。因此,不搞现代化是不道德的,不自觉和不加紧追赶更加富裕的国家更是可耻的懒汉。

虽然各项现代化建设工作是真实的,但对于现代化的理解却存在着普遍的误解,而有关现代化的理论大多是不正确的。我曾经说过,由于发达国家的故意和偏见,现代化被普遍误解为人类道义为善和物质为强的文明方向,其具体内容包括工业化、市场经济、民主政治、城市化、以及现在的信息化、生态化等,但是,现代化的真实含义可以用一句话来表述,就是全球范围穷国追赶富国的持续竞争运动。[1]

作为一个概念,现代化在20世纪60年代的形成有两个原因。其一,美国既想在全世界推布它的民主制度和意识形态,又想扩大它的全球市场,于是就要学者们去研究尚不发达国家的情况,并出钱资助研究。正在这个时候,日本的快速发展引起了以美国为首的西方发达国家的关注,结果就到日本的箱根开了一次研讨会,认为世界各国都会大同小异地走西方发达国家的发展道路。换句话说,1960年箱根会议的结论指出,西方既是现代国家,也是文明的表率,而不发达国家仍处于传统社会,也就是与现代文明相对立的落后状况,因此,走西方的道路就成了人类道义为善和物质为强的现代化文明方向。[2] 其二,恰好也是在60年代,非洲国家的纷纷独立标志了世界殖民体系的彻底崩溃,也就是广大发展中国家开始谋求自己的发展道路。但是,由于发展的不平衡,又由于发展的标准实际上是由发达国家制定的,所以不管怎样理解现代化,它只能是全球范围穷国追赶富国的持续竞争运动。其实,由于全球都被卷入了现代化运动,各国和各个地方都已经充分现代化了,而能够拿来作为比较的追赶目标,不过是某国或某地方的所谓综合实力及各种具体的文

---

[1] 详细的论述可见孙津:《打开视域——比较现代化研究》,社会科学文献出版社2004年版。

[2] 参见 Cyril E. Black, *The Dynamic of Modernization*, New York, Harper & Row,1966;Eric A. Nordlinger, *Political Development: Time Sequences and Rates of Changes*, World Politics,20,April,1968: pp.494—520.

明指标,比如产值、收入、人口寿命等。因此,从亨廷顿提出现代化的9个特征以来,①现代化如果真有什么新内容的话,那就只是其量化指标的不断繁多、具体细密和标准提高。

上述情况表明,现代化本身毫无理论意义,因为它既不可能对所谓实现现代化做规范性标准,对于传统和现代、或者穷国和富国的研究也毫不相干。换句话说,传统或穷国的情况与现代化毫无干系,它们为什么要转向现代化是由发达或富国的主观任意来解释的。因此,现代化根本不能形成一个说明问题的解释项,尤其不是世界各国的民主发展,而且不管是否叫做"现代化"这个概念,世界文明的实际图景不过是各国(实际上就是最富的几个大国)竞相去制定、达到、再制定那些所谓的文明量化指标,以取得并保持本国在全球追赶中的优势地位。明白了这一点,就不难看出,不管提出现代化是不是一个阴谋,总之所有国家、尤其是发展中国家不得不以追赶富国的方式进行竞争。由此,可以从以下几个方面指出现代化真实含义大致包括的主要内容,而它们和民主都没有什么关系——如果撇开假借民主的各种欺诈行为不谈的话。

首先,穷国追赶富国是现代化特有的性质和内容。在现代化之前,这个世界上的国家也有贫穷和富裕的相对区别,但那时的穷国并不一定要追赶富国,因为穷国和富国并不构成(或处于)同一的世界,即使有殖民侵略,也是反抗与压迫之间的斗争,而不是追赶。同一的世界是指世界成了一个整体,现代化之所以具有世界性质(包括结构和范围)的道理也就在于此。在

---

① Samuel P. Huntington: *The Change to Change*, Comparative Politics, 3.3 (1971): pp.283—313.

这种格局中,不管穷国和富国各自想干什么,它们都不得不从世界范围来考虑这些做法的可能性、可行性及其影响或结果,而实际上能够干什么则取决于各国以及相关国家的实力,极端地讲也就是穷和富的水平差距。因此,穷国只有具有富国的实力才能摆脱被压迫和被剥削的境况,所以追赶成了穷国和富国共同参与的运动,其主要目的都在于如何获得、保持和增进自己在竞争中的比较或绝对优势。

第二,追赶与现代化是互为表里的,即追赶的参照和动力都是现代化,而现代化的真实含义及现状也都是由追赶来确证和体现的。富国(其实就是率先工业化的西方国家)不愿意在道义上说自己不对,于是就把贫富的差距说成是传统与现代的对立。本来,传统是一个自然现象,因为任何事情的形成、确立和生效都是传统,但富国不这么说,它们把传统作为落后、贫穷、愚昧、甚至反动的代名词,以此来反衬和支撑富国发展模式的合理性、合法性、甚至有效性。这样,现代化就成为进步、富裕和文明的代名词,进而成为追赶的目标。在此意义上讲,现代化就等于"与时俱进"(这话并不错,因为 modern 就是时尚和时髦的意思),如果谁不搞现代化,谁就不道德。因此,不仅穷国在追赶富国,富国也不得不参与这种追赶,并努力保持自己的竞争优势以阻止穷国追上来。但是,现代化不是被实现的,而是由所有国家构成的贫富排序来体现的,因为至少从逻辑上讲,这种追赶永无止境,而且总有半数国家处于贫富排序的后半部分,也就是总要追赶。

第三,现代化之所以可能,是因为"世界"作为一种文化范畴的生成,而追赶则是这种文化最主要的形式特征。本来,世界是一个空间概念,西方的殖民扩张也就是各列强在空间上划分势力范围,但是自二战以后,不仅在地域上,而且在政治制度、生活方式、价值取向、道德标准等各方面,"世界"都成了每个国家的文化参照。这种参照不是指"世界文化",也不是指哪一种文化,而是指一种普遍的机制性功能,即任何一国不考虑这种文化范畴的世界因素就不可能采取任何有意义的行为。因此,不管如何理解现代化,叫着现代化的这种文明进程从此也就具有了世界性,反过来讲,不从世界角度看问题根本就谈不上现代化。但是,参照的现实性是由各国的实力来支撑的,所以参照总是以各种追赶的形式而生效。

第四,真实的现代化是上个世纪60年代才确立的,而构成这种确立的三个主要因素都确证着追赶的现实性和持续性。其一,日本(以及后来的"四小龙")的发展奇迹使人们相信,现代化是一个规律性的文明进程,各国大同小异地都避免不了。其二,世界殖民体系的普遍崩溃,使广大发展中国家有了追赶富国的实际可能,而出于全球市场运作的考虑,富国也不得不让(甚至还希望)穷国来追赶自己,否则,一方面是富国将由于失去市场而使扩大再生产和财富的增加缺乏动力,另一方面富国将继续背负殖民主义这个道义上的骂名。其三,发展中国家和新兴国家、尤其是中国以其建设成就和潜力表明了发展可以有多种模式,但各种模式必须有一个沟通和互动的联系,作为共识,这个联系就被叫做现代化。

第五,把工业化、民主化、城市化等文明形态作为现代化的主要内容的看法是可疑的,而且抹煞或阻止了文明形态的多样化发展。由于西方现代化起步较早,而且这三个方面也是西方的实力优势所在,所以它们愿意把这三个方面说成是现代化的主要内容,而它们的知识结构和意识形态偏见更使其不能放弃这些内容。但是,不管发展中国家(即穷国)是否看出了其中的欺骗性("依附理论"其实已看到了这一点①),总之它们为了自身的发展,也就视而不见地把这些内容权且赋予了"好"的特性,即当成文明的趋向、或者传统向现代转变的任务。

## 3. 混乱的现代化

由于在理解现代化方面的不一致和各种误解,以及在实践中现代化的选择导向和偏见,现代化与民主的关系显得既混乱又模糊。归纳起来,这种混乱大致涉及现代化是否平等、是否是发展规律、以及是否民主等问题,而本节的分析将表明这些回答都是否定的,因为现代化运动的追赶特性和要求必然与平等、发展规律以及民主本身相矛盾。

首先,如果可以用一句话来说明现代化在平等方面的机制特征,那就是只有不断追赶,没有公平竞争,也就是不可能实现平等。各种关于现代化的理论十分繁杂,在这里哪怕做一个简括的介绍也是不可能的,但穷国和国富之间的追赶应该是现代化在总体上的事实及特征。处于发展水平最高端的西方国家一方面鼓动所有国家都去搞现代化,另一方面则用种种办法不让它们追上自己。这种做法很可以理解,因为多数国家不发展就没有持续和扩大的市场,但如果都平等竞争了,发达国家的优势也将会相对下降、甚至消失。因此,发达国家就不愿意说这种追

---

① 参见 Johan Galtung, *A Structural Theory of Imperialism*, Journal of Peace Research, 8, 1971; Immanuel Wallerstein, *Capitalism World-Economy*, Cambridge, Cambridge University Press,1979.

赶,而是说合作发展。不过,这种情况并不仅仅是故意欺骗,在很大程度上也是迫于压力的现实做法。

比如,非洲各国自20世纪60年代独立之后,大约到了80年代,一般发展的情况都不太好,追赶明显乏力,甚至出现了一些全球最穷、也最不稳定的国家。面对这种情况,有些理论激烈批评现代化给发展中国家带来的不利因素,并将之归结为模仿西方的结果,同时,很多非洲国家在联合国发表意见和要求,把它们落后的原因归结为遭受西方三、四百年的殖民压迫和剥削,认为西方应该用援助非洲发展的行动来为自己赎罪。这方面的理论也很多,比如20世纪70年代后期,埃及学者阿明就适时地提出了他的"依附理论",认为所谓的合作只是为了证明"世界经济"的这个抽象概念是成立的,但对于合作中的弱势一方是不利的,更谈不上什么"平等竞争"了。于是,阿明号召第三世界或发展中国家、尤其是非洲国家不要仿效西方,也不要跟着西方制定的游戏规则走,甚至也不要和西方合作,而是奉行"孤立政策",拒绝参加这种现代化追赶的"整个比赛"。①

迫于上述批评和道德压力,西方只得同意对发展中国家、尤其是非洲国家进行援助。当然,西方不会说自己在赎罪,而是把这种援助看成是发达国家对于全球现代化发展的责任,尤其是所谓"负责任大国"应该做的事情。在这种情况下,现代化形成了两层含义,并出现了新的混乱。一是作为量化标准,包括政治制度、生活水平、环境质量、科技手段等,但仍是以经济指标为核心;另一是作为道义评价,也就是用现代化作为好的和进步的事

---

① 〔埃及〕盖拉尔 A 阿明:《依附性发展》,载罗荣渠主编:《现代化:理论与历史经验的再探讨》,上海译文出版社1993年版,第76—106页。

物(包括观念形态的价值和功能形态的制度)的表征或要求。其实,这种混乱恰恰是西方减轻道德压力的一个办法,也就是把不搞现代化当成不道德,同时也使追赶本身成为合理合法的规律。于是,世界各国都自觉不自觉地接受了现代化的这两层意思,而且随意地替换或混合使用。比如,"治理体系和治理能力"现代化就含混着这两层意思,即"能力"的大小高低可以由相应的量化标准见出,而它现代化与否的区别就只能是从"好"和"进步"之类的价值评判来理解了。

其次,除了各国不得不都卷入追赶竞争的运动,现代化在任何意义上讲都不是什么规律,更不是发展规律。对于这个问题,比较方便的办法是从中国的情况来分析,这不仅因为中国是社会主义,更因为中国现在已经是非第一即第二的大经济体了,而且近三、四十年来的发展速度和连续性也远远超过了二战以后到60年代的所谓日本奇迹。事实上,对于中国是不是发展中国家的争议已经不是纯粹的学术问题,而是直接关系到中国的竞争能力,以及这种能力对全球追赶竞争格局的影响。《纽约时报》网站2015年7月27日有一篇题为"辩论:中国能独立自主吗"的文章,组织了一些国家(包括中国)的著名学者的看法,从中可以看出中国近三十多年高速发展与所谓现代化规律的矛盾。就西方学者来讲,一方面承认中国有自己与众不同的地方,另一方面还是要求中国遵循发达国家的规则;中国学者则一方面宣称并强调自己的"特色",另一方面也总是说自己还是发展中国家,各个领域都有相应的问题,还需要一段时间来继续调整和不断完善。

如果说,发展中国家还是发达国家的争辩标准是从量的多少或富裕级别上划分的,那么,即使撇开利益上的划算,这里也没有什么规律可以遵循,因为所谓规律应该在质的比较、也就是社会形态高低的意义上才是真实的和具有普遍性的。按照马克思主义的社会演进规律,社会主义是比资本主义更高级的社会,然而实际情况是,苏联、中国、以及古巴、越南等社会主义国家都是在封建社会(至少是工业化仍处在极为初级的起步阶段)的基础上建立的。反过来也一样,没有一个发达的资本主义国家走向了社会主义。这种情况一方面表明了追赶、而不是社会制度在现代化竞争中的重要作用,另一方面也表示了选择的自觉性和多样性。虽然很难说不同的封建社会就是西方和中国进行现代化时间先后的原因,但可以肯定的是,西方在制度和技术上的优势使得它的殖民侵略和扩张成为可能。换句话说,欧洲的封建社会可以使传统向工业化过渡较为顺畅,并必然要求向世界各地进行殖民扩张,而中国即使在不得不向西方学习并标举科学和民主的时候依然希望能延续传统,固守本位。那么,是不是没有列强的这种殖民侵略和扩张中国自己就会和平地进行或转入现代化呢?

中国会不会"自然而然地"走向工业化、以及形成什么样的工业化,这个问题恐怕永远不会有所谓"正确的"答案,甚至就不应该有答案,因为并不存在这方面的现代化"规律",而不仅仅是历史不能假设。可以肯定的事实在于,中国的工业化是在列强的压迫下进行的,同时也是这种压迫的产物。正因为如此,尽管中国的工业化起步极其艰难,但却使得世界意义上的现代化追赶成为现实;同时,也正因为如此,中国对于民主(以及科学)的追求,又使得民主成为世界意义上的价值认同和制度导向。因此,一方面是帝国主义把中国变成了半封建半殖民地社会,另一方面世界现代化也正是从民主(和科学)的殖民扩张在中国停滞的时候开始形成的。其后的情况更进一步表明,中国的现代化是一种自觉的选择,所以也才形成了自我宣称的"中国特色"和仍有争议的"中国模式"。

即使承认社会主义直接由封建社会变革而来,也还有观点认为在中国建设社会主义缺乏条件,理由是中国的封建社会历时太长,其特点在于它是某种"超稳固系统"。事实上,正因为中国的封建社会是充分发展了的,所以才没有什么包括"超稳固系统"之说的"特殊"之处。相反,"西方"倒是很有些"特殊"的,因为所谓"特殊"本身并无性质的规定,而是在量的意义上指少数、少见、与众不同。那么,从地球上各种民族和各种文明的演变情况来看,被误认为反封建很"彻底"的西方(尤其是西欧)资本主义国家才是少数、少见、与众不同的"特殊"——包括建立资本主义比英国晚得多的国家(比如北欧和"低地"以及斯堪的纳维亚国家)。然而,它们的"特殊"恰恰不在于反封建的彻底,而在于它们不借助外力,基本上也不诉诸直接为了变革生产关系和掌握政权而进行的长期武装斗争,就从半文明(即留有部落特征)的中世纪贵族封建制直接过渡到资本主义。事实上,正是这些少数、少见和与众不同的特殊国家,代表着以资产阶级民主政治和资本主义工业化为主要内容的现代化的主导模式。

第三,严格说来,各国的历史是无法比较的,所以中国封建社会历史的长久本身并没有什么特殊的地方和隆重的意义。相反,至少一直到清末年间,找不到什么例证可以表明,中国历史本不该长期保持着我们现在所知道的那种封建形态,或者中国历史上曾有过什么机会被封建统治者(和民众)人为地(不自觉地)放过了,以至于没能使中国的封建社会变成另一副模样。

相反,历史事实恰恰在于,正是那些作为少数的"特殊"国家(即帝国主义列强)对中国的侵略瓜分,使半殖民地、半封建的中国在参与世界现代化进程时只能做出社会主义(经由新民主主义)的模式选择。

在东亚,真正特殊的倒是日本,不过它的特殊性同样不在于封建社会的漫长(尽管的确是比较漫长的,而且其文化余孽至今仍然不绝),而在于其封建政治体制不仅没有为社会主义所变革,反而对资本主义的模式选择起到了助益作用。日本天皇虽然是人神合一的最高统治者,但从中世纪起实权就不在他手中,而由拥有兵权的幕府将军掌握。由于当时日本的社会基础是地主武士,武士就兼有了东、西方的特征:一方面,武士占有土地,另一方面,武士向幕府将军纳贾和服兵役以换取将军政权的保护。这样,由于幕府将军代表封建统治,日本在明治维新时期便用皇权作为工具来反对幕府统抬。这种武士兼地主的身份、以及利用皇权来反封建等历史情况,一方面显示出日本地处东方的些许"特殊"之处,另一方面也许恰恰可以用来解释为什么日本很快便成为"西方"国家之一员的主要原因。

由此,就所谓由传统向现代的转变来讲,日本真正特殊(或有利于这种转变)的地方,就在于它的武士完全不像欧洲中世纪的骑士那样不占有生产资料以及没有利润动机。所以,欧洲的骑士只能随着科技文明的发展和政治模式的变化而衰落,日本的武士则成了小工商业主(明治维新后称为士族),直接推动着对西方民主政治的要求及其实现,同时,常备军的正式建立更使武士再次构成了军事政权的主力。这样,日本在由幕府专制向西方民主政体模式的转变中,不仅没有什么"彻底"的反封建,相反却直接导致了19世纪末快速地生成法西斯军国主义。

直到第二次世界大战结束后,日本才在美军的占领下被迫实行了西方式的资产阶级民主改造,但各种所谓"封建传统"仍然无处不在,并和极右势力或新军国主义相互支持。

中国的封建社会既无欧洲的、也无日本的特殊性,所以中国封建社会的自然选择才会被那些作为世界上极少数国家的"特殊"的帝国主义列强所打断。正因如此,中国现代化进程的社会主义模式选择才不仅是自觉的,也才不仅是有合理根据和现实可能的,而且尤其是具有民族解放的正义性质的社会变革。这样,也就从社会演进的角度说明了为什么同样是东方的封建社会,社会生产力并不比中国先进的日本选择了资本主义制度、而中国却选择了社会主义前途的主要原因。

其实,说中国封建社会过于长久的特殊性,无非是想说中国没有民主传统,所以,那种认为中国社会主义反封建不彻底的一大理由,仍然是说中国现在不够民主,比如实行一党制和集权政治之类。但是,即使是一党制和集权政治本身也不等于封建专制,而且它们根本不是某种社会形态的性质规定。从性质上讲,既然社会主义是从封建社会变革而来的,各种封建因素和形态(政治的、经济的、文化的)就只能在社会主义的建立和发展中才会逐渐成为过时。相反,如果急于人为地去反封建,有时反而会弄出来许多问题。因此,社会主义反封建的真实性,是指中国的反封建恰恰只能在社会主义现代化进程中最终完成——而这种完成意味着"反封建"本身的不成其为问题,或者说使反封建意识形态化的做法不再具有真实含义。

从历史来看,现代化作为民主的文明载体是可以理解的,因为如果一开始商人不想赚钱发财,就不会有民主。当然也可以反过来说,即后来的情况表明,没有民主就没有利润动机。市场经济要求民主政治，民主政治保护市场经济。从此，有了资本主义私有制，有了科技转换生产力的工业革命，有了掠夺资源、财富和扩张市场以及划分势力范围的殖民侵略，有了以经济利润增长为目标的发展，直到有了相对定型的全球范围穷国追赶富国的现代化。这些历史过程和现实状况远远超出了不同社会制度的解释力。比如，30年前还是由最发达的西方国家组成的八国集团，被称为富国俱乐部，后来增加到14国，而现在已经是20个国家了，也就是G20，其中有资本主义、社会主义、以及难以准确定义是什么主义的混合型社会制度。

## 4. 新的不平等及阶级问题

现代化的混乱掩盖了一个基本事实，即作为民主基本载体之一的现代化所特有的功能性机制，就是以市场经济、公平竞争、发展规律等名义，不断产生新的不平等以及新的阶级，尤其是"国家阶级"（这一点与第二章所说的国家作为冲突主体是一致的），而且这些都已经成为现代化追赶见多不怪的常态。因此，作为民主载体的现代化不仅没有文明道德和发展规律，而且很难说具有普适性，甚至还是与民主相矛盾的。但是，这些情况却被主流理论说成是科技文明和市场文明的现代化进步，并以此来掩盖民主本身的弊端。

这个机制特征的一个突出体现，就是世界上的不平等出现了新的特性，即一方面整体生存状态得到了改善，另一方面则是拥有最多财富的人更加集中了，而且进入21世纪以来，这种情况更加明显。根据世界银行2015年10月的预测，到当年底，全球的赤贫人口将下降到7.02亿,首次达到人口总量的10%以下的9.6%,而2012年这个比例是12.8%。但是,贫困人口仍然存在集中分布的情况,也就是亚洲和非洲,变化只是同样的比例调换了地域。1990年,全球贫困人口的半数集中在亚洲,将近15%集中在非洲的撒哈拉以南地区,预测说,到2015年底正好调过来,半数集中在在非洲,而不到15%集中在亚洲。很显然,这种贫困人口数量比例调换情况的主要原因是中国和印度的发展,因为这两个国家的人口既是亚洲、也是全球最多的,占全球总人口的近40%。与此同时,另一个情况也突出了不平等的这种新特征,就是在发展速率最快的所谓新兴国家里,住在贫民窟的人数却达10亿多,占全世界总人口六分之一。

但是,总体贫困人口数量的减少并不就等于贫困状况的改善。英国《金融时报》网站2015年5月1日有一篇文章,题目就是《一个充满差异的世界:不平等加剧给全球带来的挑战》。这种新的不平等由两种情况体现出来。一个是各国不平等程度的差异加大,比如在现代化发展迅速的中国,收入不平等的差距也明显增大;另一个是由经济体总量所显示的穷国和富国之间的差距缩小并不能反映不同发展中国家的实际情况。对于贫穷的个体,各国在努力消除贫困的同时,也提高了贫困的底线标准。比如,中国宣布到2020年彻底脱贫,而联合国2015年9月25日通过的未来15年可持续发展目标宣布,到2030年消除全球贫困。然而与此同时,世界银行根据全球发展的情况,将国际贫困线标准从此前、也就是联合国计划消除贫困的每人每天1.25美元上调至1.9美元,这样一来,全球贫困人口的数量将大幅增加,比如东亚增加将近一倍,拉美增加25%以上。

同样,就像总是存在相对贫穷一样,无论现代化追赶中不同国家的排序情况怎么变化,总是有一些排序最靠后的国家。显然,如果没有追赶,这种比较的落差就不突出,尤其是心理上的不平衡就相对弱缓,而且还有可能保持不同的、也就是多样化的文明形态。当一边是追赶无望,另一边是集中聚富的时候,就连所谓的中产阶级也感受到了自己生活条件的下降。2015年7月9日,还是英国《金融时报》网站发表了一篇文章,题目为《数据显示全球中产阶级比人们认为的贫穷》。文章说,尽管为中产阶级做准确定义很困难,但如果把每人日均生活费从10美元到100美元的人都算在内,20世纪末全球可能有20亿人,而到2010年以后就锐减为17亿人了(这里还不考虑货币贬值、物价上涨等因素带来的影响)。但是,尤为突出的现象仍然是分布的不平衡。比如,每人日均生活费50美元以上的人仍然集中在北美和欧洲,尽管生活在这两个地区的"高收入"人口比例由2001年的91%下降到2011年的87%;而在中国,每人日均生活费超过20美元的"中等收入"人口则从2001年的3200万激增到2011年的2.35亿。

其实,出现上述新的不平等和新的贫富差距等情况的根本原因,正在于新的阶级变化及其新的经济剥削。在现代化追赶中,阶级依然存在,而且不同阶级区分的核心依据仍然是生产资料的占有关系,尽管这种占有关系更加复杂、甚至变动不居了。但是,在阶级分析的适用域或针对性方面,有一个新问题似乎一直没有引起理论界应有的关注,即国家与阶级关系的变化。

按照马克思的理论,国家是有阶级性的,而且国家本身就是阶级斗争的产物,共产主义学说的根据也在于阶级斗争必然导致无产阶级专政、并由此作为消灭阶级的长期过度阶段。很显然,在这个理论逻辑中,国家和阶级是相互分立的,所以全世界无产者才可以联合起来反对各国的资本家阶级,甚至为了这个共同目的"工人没有祖国"这句话才是可理解的。但是,如果发展的不平衡已经形成了国家间不同的贫富排序(比如"三个世界"),而且各国(尤其是发达国家和有望达到发达国家水平的新兴国家)的中产阶级的数量增大(实际收入下降对此并无影响)已经使得无产阶级革命成为不可能,那么,国家和阶级相互分立的状况即使没有根本改变,至少也具有了新的含义。在现代化竞争和全球化趋势的总体背景和要求中,可以从国家的阶级特性、工人阶级的相对性、以及国家间阶级等方面来讨论这些新含义或新问题。

新问题一:关于国家的阶级特性和国家阶级。

国家具有阶级特性已经是不用说的常识,但是,有一个逻辑结论一直处于各种理论视野之外,即国家政权其实就是,或者说已经成为一种阶级,不管其性质民主与否、以及它是否代表了人民的利益和所谓的公意。阶级状况决定了国体的选择,所以任何国体都体现了统治阶级的性质和旨向,因此才有资本主义和社会主义的区别。但是,由于现代化竞争的差距,同样的生产资料关系在国家的层面上越来越具有了阶级的特性。换句话说,国家已经成为一种整体性阶级,而其划分标准与其说是公有制和私有制,不如说是发达水平的高低和竞争优势的级差。在此意义上讲,现在世界上的国家可以依据贫富差距的序列划分为不同的阶级,也就是说,毛主席提出的"三个世界"就是当今真实的三种国家(准确的说是国家集团)阶级。本来,"三个世界"的划分是区分敌我友的战略,也是结成最大统一战线的策略,但是这个划分依据的不仅是国家的实力,更是阶级的演变,即国家的阶级性已经成为国家依据其生产资料全球占有的优劣势排序,从而国家成了阶级本身。应该说,这是阶级分析的全新课题,而现在的问题是不仅理论上看不出这方面的任何自觉性,实践上更是假装没有阶级问题而只谈所谓国际格局的实力博弈。

新问题二:工人阶级的相对性。

从终极意义上讲,无产阶级专政的合理性和道义性在于它的旨向是消灭阶级,而由于无产阶级是针对资产阶级而言的,其实体形式也被叫做工人阶级。但是,现在工人阶级在不同国家的阶级状况和政治取向都是不一样的。比如,社会主义国家的工人阶级主要是从其职业特性来说的,但从国家政权的性质考虑,仍然赋予工人阶级以无产阶级的政治品格。不过,这里要说的工人阶级相对性是从属于国家阶级的,即工人阶级的共同利益被由资本主导的社会新陈代谢分化了。一方面,资本统治以剩余价值的形式对所有国家的工人阶级进行剥削;另一方面,处于竞争极差高位国家的工人阶级不仅直接分享了这种剥削的利益,而且也间接参与了对低位国家工人阶级的剥削。对此只要指出一个现实情况就可以了,即劳动工资的价格依据国家发达的程度不同而不同,也就是工资价格在低位国家要比在高位国家低得多。更重要的是,由于剩余价值利润率在发达国家的递减趋势,资本运作的出路就体现为其边际效用在发展中国家的扩大化。① 在这种情况下,将工人阶级整体作为无产阶级的实体载体、以及赋予其无产阶级政治品格等理论和做法都是不符合事实的。

问题的具体情况很复杂,不过,可以由一些明显的职业特征

---

① 参见〔英〕I.梅扎罗斯:《超越资本——关于一种过度理论》,郑一明等译,中国人民大学出版社 2003 年版,上卷,"导言"。

来说明工人阶级的相对性。其一,发达国家工人阶级的工资水平高于发展中国家工人阶级近十倍。其二,由于技术本身的不同水平和垄断运作,相对发展中国家来讲,发达国家工人阶级的工作岗位越来越具有高附加值特征,或者说低附加值的劳动越来越由发展中国家的工人阶级来填充。其三,信用卡体制基本上是发达国家的不花钱消费特权(好听的说法叫做"超前消费"),包括处于其中的工人阶级。在这种情况下,发达国家工人阶级的政治取向即使不能说是从属于本国资本家的利益范畴,至少他们的物质利益获得和生活水平的维持是由竞争顶端或优势地位的资本运作来支持和保证的。

因此,不仅无产阶级的奋斗目标很难再保持一致,不同国家的工人阶级也难以形成一致的政治理念和目标。最主要的问题在于,发达国家工人阶级不仅得益于全球化的技术便利,而且其经济位置使得它能够直接分享、甚至占有全球的剩余价值。相应地,发达国家工人阶级的政治态度也发生了一些明显的变化,比如认为本国的政治制度是民主自由的。这些情况表明,发达国家的工人阶级既不坚持马克思主义的社会主义,也不理会各种修正主义,实际上是接受了黑格尔关于资本制度永恒的幻想,并以虚假的市民社会蒙蔽自己,梦想着自己也成为中产阶级。更为严重的是,对于发达国家的工人阶级来讲,无产阶级的奋斗目标已经堕落为只考虑自己的福利增加,而共产主义的国际主义已经沦为新殖民主义和霸权主义的附庸。如果列宁关于阶级含义的表述仍有意义,那么,变化的主要实质就是各国工人阶级所处状况的不同,也就是说,工人阶级和资本家阶级的矛盾没有变,但发达程度(其实质是在生产资料占有方面的优劣势地位)使得各国工人阶级之间的经济状况和政治态度发生了变化,或者说,发达程度成了工人阶级相对性的基础和条件。

新问题三:国家间阶级。

比较工人阶级的相对性来讲,全球的资本家倒是更加体现出了同样的阶级本质和利益维系,即占有剩余价值和抵制社会主义(不过他们也知道社会主义的价值为善性质,所以更多情况下改说反对"共产主义")。在此意义上讲,国家间阶级就是超越国家的资本家阶级。按照农村以土地生产资料占有的多少来划分阶级的道理,资本家也应该分出三六九等,比如大资本家、官僚资本家、民族资本家、小业主等。但是,这种划分的针对是有历史性的,比如,殖民地半殖民地国家的民族资本家可能同情和支持国家独立和民族解放、小业主也可能直接参加革命等。在全球化趋势中,这种情况发生了质的变化,即所有资本家在剥削工人的同时,既可以借助国家阶级的优势地位剥削劣势地位的资本家,也可以超越国家寻求更大的资本运作优势。在这方面,最突出的现象就是跨国公司,它们不仅以各种形式(包括控制生产资料、投机金融、垄断技术和知识产权、制造预期市场、使用廉价劳动力等)运作资本,而且各国(包括不发达国家在内)资本家个体都能够在同样的水平上、以同样的游戏规则追求和获取剩余价值的最大化。于是,阶级划分的适用域已经游离于社会主义和资本主义的区分针对,转而成为资本运作在功能上对于资源和竞争优势的保有、夺取、运作以及分配的能力。如果说,全世界无产者现在很难联合起来的话,全球资本家却轻而易举地结成了牢固的阶级联盟。这当然就是一种国家间阶级,或者叫做阶级的国家间形态,而跨国公司则是其典型的载体兼功能。

国家间阶级的另一个基本含义,就是指以国家为载体和区分的新的阶级或阶级状况,而最早明确指出这一点的说法就是"三个世界"。1974年2月22日,毛主席在会见赞比亚总统卡翁达时提出了三个世界的划分,即美国和苏联是第一世界,美国以外的西方国家,包括日本是第二世界,其他国家,包括中国以及整个非洲和拉丁美洲是第三世界。同年4月10日,邓小平在联合国大会第六届特别会议上发言,全面阐述了毛主席关于三个世界划分的理论,并说明了我国的对外政策。当时的划分具有明显的政治需要,比如把美国和苏联放在了一起,但基本上就是以国家在现代化竞争中的地位来划分的,而且依此地位的贫富排序大体上就反映了相应的国家间阶级以及新的阶级状况。

进入21世纪以来,前述新的不平等和国家间阶级之间互为因果的关系和相互支撑的状况愈加清楚,比如美国《外交政策》双月刊2014年1月21日发表的题为《马克思的回归》的文章,讲的就是这个问题,并认为全球性的阶级政治正在卷土重来。这样讲的根本依据,就是收入的不平等已经走向全球化,比如140年前一个非洲人的平均财富相当于一个英国人的20%,而现在连10%都不到;而中国这样迅速发展的国家,到2030年将变得和整个欧洲一样富有。因此,一方面是全球最富有的人的比例不断缩小,现在已不到人口的1%,另一方面是国家之间整体贫富差距的越来越明显,这就使得中产阶级很可能成为和无产阶级革命一样的新的革命力量。

各种各样的"马克思的回归"是显而易见的,比如2015年11月英国从网上评选人类历史上最具影响力的学术著作,结果第一是达尔文的《物种起源》,第二就是马克思和恩格斯的《共产党宣言》。如果说《共产党宣言》的主旨是号召无产阶级起来推翻资产阶级,那么现代化运动一个重要的新情况就在于,正是因为国家间阶级的存在,西方资本主义国家(主要是美国)以及超国家的资本家阶级现在才会出现一种矛盾的做法,即一方面尽可能遏制中国,另一方面又欢迎中国经济发展。中国的实力(主要指经济)一旦赶上、甚至超过了西方的大国,西方就不得不、同时也真的希望中国能够按照西方的游戏规则,尽可能地与西方保持一致。

比如,美国前财政部长亨利·保尔森2015年7月22日在英国《金融时报》网站上撰文,希望中国按照西方的方式来加快建设现代化资本市场,应该允许包括顶级的外国机构投资者、投资银行和证券公司在内的众多市场参与者加入中国的资本市场,以便"开展公平竞争",并建立有效的监管制度来保护这些多元的参加者。他甚至危言耸听地说,如果中国不这样做,就很难避免落入"中等收入陷阱"。与此同时,由于人民币市值的稳定性、以及中国对外投资的迅速扩大等因素,西方不仅拦不住、而且也欢迎加快人民币国际化的进程,包括国际货币基金组织(IMF)执行董事会终于在2015年11月30日批准人民币加入特别提款权(SDR)货币篮子。

事实上,新的不平等远不止体现在国家的阶级特性、工人阶级的相对性、以及国家间阶级等方面,最为直接的还是经济利益,包括不顾公然暴露民主认为普遍适用的"市场经济"的虚伪性和欺骗性。比如,西方长期以来一直尽可能地拖延承认和阻挠中国的市场经济地位,为此甚至以中国缺少人权和制度不民主为借口。尽管这种情况能否拖到2016年12月11日就很难说了,因为那时中国加入世界贸易组织(WTO)满15年了,根据条款中国将自动获得"市场经济"待遇,但西方还是不死心。尤其是美国,一直警告欧盟不要给予中国"市场经济地位",称中方长期寻求的这一贸易优惠待遇可能妨碍阻止中国企业在美欧市场倾销廉价商品的努力,甚至还威胁欧盟同行,说如果给予中国市场经济地位无异于"单方面解除"欧洲对中国的贸易防御。不管是否因为听了美国人的话,总之欧洲议会在2016年5月11日以546票赞成、26票反对和77票弃权通过一项全会决议,说中国仍未达到欧盟所设定的五个市场经济认定标准,所以"还不是市场经济国家"。

上述投赞成票的理由直截了当,主要是由于欧洲的企业家担心就业压力会增大。民主不是一直认为市场就是公平竞争吗,这会儿怎么又赤裸裸地搞起双重标准、甚至市场霸权来啦?原因很简单:市场本来就谈不上什么公平与否,无非是民主要保护私有制的虚伪欺骗。当西方需要中国(以及所有发展中国家)向它开放市场的时候,你不开放就是不民主;当你(尤其是中国)真正具备了和西方竞争的能力的时候,它却把民主(以及所谓市场规则)抛到九霄云外而蛮横地不给你应有的市场待遇。因此,更为真实的情况在于,自诩民主的老大总是欺骗性地教育弟兄们应该怎么做,其真正的目的还是维护自己永远的老大地位。

## 5. 小结

相对政党和法制来讲,现代化这个基本载体是作为文明形态来起作用的,所以具有目标动因与结果状态、内容构成与技术手段相同一的特征,而且作为一场持续永久的运动,人们更愿意把现代化看成是保障发展权的功能机制,所以也是裹挟了所有人的最大的民主政治。换句话说,现代化不仅借民主之名盛行全球,而且现代化本身已经成为民主政治的重要内容、甚至是现代民主的代名词。但是,与政党和法制一样,现代化实际上也是一方面与民主缺乏内在关联,另一方面则与民主矛盾多多。

现代化的真实含义在于它是一场全球范围穷国追赶富国的运动,这个运动不仅永无止境,而且几乎不可能指望有什么公平竞争。与此同时,现代化造就了新的不平等和新的阶级,甚至形成了国家阶级和国家间阶级。因此,现代化这个载体是否具有民主性质这个问题并不具有普遍性,只是为了表示现代化的合理性,就说这种"化"是为了把"传统"社会转变为"现代"社会,而且毫无根据地认为这种转变就是民主本身的要求、甚至文明发展的"规律"。按照这个规律来发展就成为最大的善行,而不搞现代化或者不发展就是不道德。

事实上并不存在这个规律。首先,所谓传统向现代转变的根据,不过是同一时期内不同社会带来的偶然结果,也就是欧洲的封建社会使得那里的工业化比较世界其他地方顺畅,于是也就给西方列强在世界范围的殖民扩张带来了技术支撑。其次,现代化具有明显的西方中心主义特征,而且西方也一直在竞争中搞各种各样的双重标准,但是无论被迫的、真实自觉的还是随意从众的现代化发展,事实上都不可能只有西方这一种模式。第三,现代化追赶以科技文明和市场文明的幌子掩盖了民主本身的弊端和矛盾,而为了证明资本剥削的合理性,民主就制造出传统必定比现代"落后"这一谎言。最后,如果说政治的特性使得民主本身就像是一群言语不通的人在修建巴别塔,那么,现代化作为民主的载体就好比为人类文明打开了的潘多拉之盒。

# 第三部分　民主带来的全面异化

如果说民主是人民自己当家作主的话,现在的民主其实是把自己交给谁也不是的"体制"来管理,所以即使从最好的意义上讲,这种做法也与民主的"协商"特性相矛盾。因此,民主的实际作用只能是包括民主在内的全面异化。事实上,只有民主社会才有这种异化境况,但人们却理所当然地认为这些都是进步和发展,而把对此的批判当成保守和落后。

为了集中说明问题,这一部分把各主要异化现象分为物质和精神两个方面来分析。表面看来,这些异化现象似乎并不是直接的民主问题,但这正是对民主异化的一种习以为常,是民主价值观及其制度造成的集体无意识,是由民主所保护的市场经济和科技升级促成并催化的人之全面异化!

# 第六章　物质方面的被发财化和被工具化

民主并不能保证人的行为为善,更不能阻止邪恶;相反,由于保护私有制,民主也不教人学好。比如,个人享乐和多多赚钱是民主保护、甚至提倡的个人权利,所以不仅不宣传以身作则、吃苦在先、公而忘私、舍己为人等道德要求,甚至认为这些是侵犯人权。由此,民主异化在物质方面的主要特征就是文明本身的被发财化和被工具化,而其最为突出的状况或形态,就是赚钱至上、绿色专制、以及反恐困境。

## 1. 发展与创新

由于民主,一方面是所有人都谋求发展,叫做发展权,另一方面则是努力创新,因为不这样不仅难以在竞争中取胜,而且根本就没法发展。然而,什么叫做发展呢?就现实状况来看,发展的意思就是指超出生活需要的文明方式,而且还要不断地时尚化。比如,有一种批评(对于中国人叫做反思)认为,中国长期以来只有增长,没有发展,所以尽管很早就有包括造纸、火药、活字印刷、指南针等重大技术发明,但还是输给了谋求发展并实行市场经济的欧洲。

其实,上述批评恰恰表明,发展和创新已经成为民主的一个异化内容和形式。本来,创造和增加财富没有什么不对,几乎也算是人的本能,但是,如果在财富的源流已经充分流淌,而且人们也并不觉得还有什么匮乏或需求的时候,对财富的追求就是一种过度,就是十足的淫欲。为了满足这种淫欲,就想出各种理由、创造各种方便,也就是诱使人们从尝试、适应、进而到追求各种超出生活需要的文明方式,而且还要不断地时尚化、还要尽可能方便。于是,为了使这种做法合乎道德,就说这是发展;为了给这种发展找到市场,就说要拉动消费;为了把前两者都变成现实,就说要创新。反对这三者(或其中之一)就是不道德,就是保守落后。从逻辑上讲,民主的财富观应该是平等的,也就是说,现今世界财富多得足可以大家放假一年,不事生产,只管各取所需就行了。然而,现实却是异化发展造成的另外一种图景:一方面,从政府、资本家、管理者、生产者、直到普通的消费者个体都在讲发展,都在想发财,另一方面,千百万的饥民仍然亟需救济,地球大陆的一半地方仍继续生态恶化、疾病横行。

相对说来,创新就是针对发展而言的,因为如果只增长就没有创新,至少不必那么急着时时刻刻要求创新。就创新的目的是促进发展来讲,主要的方式有三种。第一是尽快使科学技术成果转换为生产力;第二是所谓保护知识产权,以合理的垄断来提高自己(至少是遏制别人)的竞争能力;三是通过各种办法把别人的钱弄成自己的钱。第一种方式带来的异化,就是人已经不会休息了,永远在忙,即使心里想的并不是发财、或者没有能力发财,但所有人其实都被卷入生产力的加速度提升中,从早到晚精疲力竭。第二种方式就是知识本身的异化,因为知识是属于全人类的,本来就没有私人的所有权,即使是从公平交易的角度讲,也应该叫做技术发明权而不是知识产权。因此,知识产权一说当然不是用词当否的问题,而是窃取人类知识为私有的异化心态体现。第三种方式就是不搞生产,不创造财富,全靠骗,还美其名曰叫做金融或股市的"信心",甚至也包括媒体的敲诈勒索。为此,一方面是铤而走险的违法行为,比如新闻敲诈案,包括媒体收钱做不实报道或撤下负面报道的稿件等;另一方面是各种"理财"服务,明明是要赚(其实就是诈骗)你口袋里的钱,却说是为了你能赚钱。

与创新的上述三个内容或机制相一致,不仅苦活、累活、脏活、尤其是直接创造物质财富的活没人干了,而且相应的行业也不挣钱了,比如制造业就是如此。其实,这就是对物质财富创造的挤占和巧夺,是对直接从事物质财富生产的人的加倍剥削,也正因为如此,才会出现现代化竞争中新的不平等。创新使得最富有的人变少了,最穷的也变少了,看起来倒是符合所谓两头小中间大的"橄榄球型"平等,但是,由于各种创新财富的集中,本来就不从事直接物质财富制造的中产阶级反而变穷了。比如,经济学诺贝尔奖得主约瑟夫·史蒂格里茨于2015年12月10在《瑞士商报》的网站上发表文章,题目是《美国正在成为一个分裂的社会》,指出"橄榄球型"的那个中间部分、也就是所谓中产阶级变穷了,负担加重了,健康状况恶化了。换句话说,民主异化的严重的情况在于,一方面是这个"橄榄球"的中部大大瘦身了,另一方面在最富的人变少的同时又出现了穷人的增加,所以"橄榄球"越来越像"啤酒瓶"了。

由于发展带来了广义的环境恶化(包括生态、资源、人口等问题),于是人们就想出一个应对的办法,叫做可持续发展。当然,对此也有不同的理解,比如认为这种说法自相矛盾,因为发展就是持续的,用"可"就等于说还有"不可以"持续的发展。但是,所有的理解都认为发展本身是对的、合理的、甚至必须的,关键在于怎样发展。因此,为了要想办法,包括各种手段要不断改进、效率要不断提高等因素,所以可持续发展就需要创新,甚至发展的根本动力和源泉都在于创新。

上述观点和相应的行为都是真实的,当然也就在不同的角度和程度上有各自的合理性。本节要指出和说明的是,民主在这方面的异化作用,使得发展和创新成为既不合理也不合道德的浪费和欺骗。由于民主,谁也不能剥夺别人发展的权利,又由于民主,自己不发展和不让别人发展都是不道德的,于是就永无止境、永无宁日地追赶竞争下去。但是,总要找一个好听的、合乎道德的、符合客观规律的说法,所以就讲这是科技、是进步,而做到这一点靠的就是创新。事实上,从关于现代化竞争的讨论已经可以看出,发展的直接动力就是追赶,但追赶是因为不平等,而不是财富的匮乏。因此,发展(不管是否可持续)就是浪费。与此相一致,创新既不是智慧的锻炼,也不是物质手段的需要,而是为了无度的赚钱,为了竞争优势的垄断。

发展和创新共同推崇的一个做法,叫做市场经济。我们把某种经济运作(机制、形态等)叫做"市场",其实是为了与"政府"的或"人为"的经济运作相区别。这样,市场就有了两个现实的含义,一是指不由政府管控的经济活动,二是指自主地公平交易,或者叫做按照经济规律办事。比如,经常可以看到一种说法,表示在什么方面或针对什么项目需要或应该用"市场方式"来操作。实际上根本就不存在这种经济规律,因为既没有"客观"的市场,也没有政府不管控的市场,就连市场交易的"公平"

也多有歧义。因此,和政治一样,既然民主具有不同的制度特性,所维护的经济制度也就不同,换句话说,并不存在资本主义和社会主义都可以运用的市场经济。但是,为了更多地赚钱,各种创新就说自己在按市场经济的规律或机制运作。比如,国家民航总局说为了资源分配的更加公正,以及经济效益的更多提升,所以决定按照市场规律和机制,以广州白云机场和上海浦东机场作为改革试点,拍卖航班的起飞时段。当这样说和这样做的时候,故意隐去的必然结果在于,航空公司最终还是要把成本摊到消费者的机票上。但是,这里的异化问题却在于赚钱至上的无度追求,比如试想按此道理,将马路上十字路口红绿灯的时间间隔也拿来拍卖该是怎样的一幅图景?!

由于民主,也就是民主政治和市场经济的双重挤压,于是就搞现代化运动,结果已经形成了不可逆的全球性疯狂追赶和疲于奔命。非西方国家更是一方面竭力挤进"富裕经济体"行列,另一方面生怕掉入"中等收入陷阱"。但是,这幅图景不过是赚钱至上的反映,就算所谓新兴市场国家听从发达国家的话,按照它们的办法去做,还是有两个似是而非的问题。其一,真的存在"中等收入陷阱"吗?其二,富裕经济体、或者说具有高度发达生活水平的国家数量真的是能够无限扩大的吗?事实情况很可能正相反,即"市场民主"其实是建立在富国剥削世界的基础上的,所以"中等收入陷阱"不过是想挤入这个剥削队伍高层而不成的摔跟头,而这个"高层"(即发达国家)的数量更是有限的——否则很可能就不会有"中等收入陷阱"了。比如,在西方内部,希腊、冰岛等国的债务危机并没有影响它们寄生性地或强盗性地活着,而土耳其本来就不是发达欧洲一伙的,却也要极力挤进去,为的是能够分享更多剥削全球发展中国家的便利,于是就要用别的条件来交换,包括帮着欧盟遏制难民涌入。

在2015年的"达沃斯论坛"上,与会者同意现在人类正在进行第四次工业革命,相比第一次利用水和蒸汽来实现生产的机械化、第二次利用电力实现的大规模生产、第三次用电子和信息技术实现生产的自动化,这一次叫做数字革命,其特色在于数据、信息、尤其是知识比资本更重要。在这场革命中,科技的民主异化在于模糊、甚至取消了实体、数字、人、动物、植物以及自然界的界限和区别,所以发展和创新的机制已经不是大鱼吃小鱼,而是快鱼吃慢鱼。

问题在于,为什么一定要鱼吃鱼呢,而且还要"快吃"?合乎逻辑的答案(如果有答案的话)是很明显也很恐怖的:人类要自我崩溃了,再不抓紧互相吞食就没有机会啦!但是,赚钱至上的民主异化却为这种发展和创新提出了一种道德标准,就是比较哪个国家对全球GDP的贡献率大,也就是在全球增加的总钱数中哪个国家占得最多,占得越多越光荣、越表示负起了大国责任。当然,某个国家的经济体量越大,也就越能提高消费能力、增加就业机会,在全球化的今天也就越能够带动其他国家发展或为它们提供发展机会。但是,不仅贡献率最大的那些钱毕竟是所属国的,并不会分给别国,而且问题仍然在于世界要那么多财富干什么?本来财富已经够用了,发展已经到了不必要的程度,偏要争夺高附加值,掌控高端经济,催促高度消费。这是人类的彻底异化,因为它使得人类变成一门心思要赚钱,并且穷凶极恶相互竞争的行尸走肉。

于是,明明是好逸恶劳,是诈骗,却被说成是创新,是成功人士,其导向和结果就都是把整个产业链中真正制造财富的环节弄得又脏又累又赚钱少,没人愿意做。比如,不仅"市场民主"

建立在富国剥削世界的基础上,而且还把虚幻的东西当成实在的商品来卖钱,包括开发所谓"品牌创新"(在日本)或者"品牌战略"(在法国)的发展价值。更有甚者,就连游戏和虚拟积分也用来赚钱,比如比特币。据说,经过多方探究和考证,自称为"中本聪"的比特币发明人是澳大利亚的一名技术专家克雷格·史蒂文·赖特,而"有法律文件显示",自2008年以来他已经拥有110万个比特币,价值约4亿美元。在这种好逸恶劳和投机欺骗的示范带动下,现在不仅比特币已经成为和太空游一样的风险投资热点,而且连绑匪也要求支付比特币,甚至用比特币来洗钱,因为这种方式很安全,各方既不用见面,更不可逆查。

但是,为了能够赚钱,最关键的因素还是消费,所以就促销过节、广告造势,比如美国的"黑色星期五"(感恩节)、中国的"双十一"(11月11日)等大抢购。在这些活动中,购物者并不全是因为商品减价,而是借着"划算"的心态进行节日狂欢。比如,2015年感恩节那天,纽约的商店已经提前到凌晨五点开门了,但还是在三点就有人来排队了,结果只为了买一台降价的平板电脑,而减少的价钱不过才20元!如果放在平常,为了节省20元钱而早起又挨冻两个小时,多数人都不会愿意的。因此,关键不在于真的节省、或者占了便宜,而在于贪图便宜(反过来讲就是拜金主义)的普遍心态:这种时候不抢购就是不道德!于是,2015年美国的"黑色星期五"(11月27)购物至少达到1.1亿人次,消费超过6300亿美元。不仅实体店这样,网购也加入竞争。比如,亚马逊公司说2015年"黑色星期五"当天到晚上九点就有超过600万件商品被下单,超过去年的550万件,相当于每秒钟卖出64件;而商务咨询公司益博睿也说,当日英国的网上销售首次超过10亿英镑。

有意思的是,世界上就有一些人总是不相信中国官方宣布的情况,包括不相信中国也正在大力提倡和鼓励"消费经济"。于是,好像要佐证此为事实似的,《日本经济新闻》网站在中共十八大五中全会闭幕的当天(2015 年 10 月 29 日)发布了一片题为《中国的统计数字并未说谎》的文章,作者是该杂志的编辑吉田忠泽。针对有人怀疑中国政府 10 月 19 日公布第三季度经济增长为 6.9% 不真实、认为增幅可能更低的说法,文章指出,这是没有看到中国产业结构的巨大变化。比如,十年前拉动中国经济增长的主要是第二产业,占 GDP 的 47%,第三产业占 GDP 的 41%,而十年后的 2015 年第三季度第三产业占比已上升到 51%,比第二产业高出近 11 个百分点。比这篇文章早一天,即 10 月 28 日,美国彭博新闻网站的一篇报道也指出,以网购为主业的阿里巴巴集团体现了"中国消费经济的崛起"。同样,在 2015 年 20 国领导人峰会上,国外政要和专家都说,欢迎看到中国正在向消费经济转向,也是好像不辜负这种欢迎似的,北京市接着就宣布它在这方面所取得的成绩。根据报道,北京市的消费品零售额 20 年来扩大 10 倍;从 2007 年到 2014 年连续七年保持全国最大城市消费市场地位;而在 2011 到 2014 年间,北京市最终消费对经济增长的年贡献率达到 74.4%;并在 2015 年底成为全国首个万亿元消费城市。[①]

正是这些模模糊糊的消费文明取向,以民主透明的方式诱使人们为了别人的赚钱而自愿地消费着自己的生活。生活便捷、舒适、高品位、优质化等等都是广告诱导,实质还是为了赚钱。这里的道理就在于,所有那些诱导不仅不都是必须的,甚至

---

① 相关报道见《北京日报》,2015 年 12 月 19 日,第 1 版。

都是过度的,也就是浪费。但是,民主的异化仍然从青少年开始就向他们灌输要创新,要学会理财,更要以比尔·盖茨、史蒂夫·乔布斯、马云等作为成功的榜样(在我看来他们就是诱使人们走向死亡的塞壬①)。结果就是不创新、不消费、不网购、不炒股、不理财、不旅游、不紧跟着产品性能的更新换代去购买新的汽车、电脑、手机、以及一切有用没用的生活用品就是不时尚和不道德,就该死。

事实上,民主异化已经使发展和创新成为赚钱至上的集体无意识。比如,建立某种联盟可以直接用地区(北大西洋、亚太等)、或者用内容(金融、贸易等)来命名,也可以用缩写或各方首个字母拼起来,但是所谓"金砖国家"就是赤裸裸的拜金主义,因为即使用表示各国的字母拼起来,BRICK 也只是块"砖"而并没有"金子"的意思。同样,2015 年 11 月召开的第 27 届东盟峰会发表了一个《吉隆坡宣言》,说东盟刚刚经过的十年是"黄金"十年,往后要开创"钻石"十年,这也再次显露了现代化追赶运动的民主异化心态。

当然,类似的情况还是出现在中国更具有集体无意识的特点。比如,发展和富强原本都是正当而自然的要求,叫做国富民强(叫民富国强也行),但是,由于民主对于致富拜金的放纵,或者以尽快、更多地致富作为事业以及个人的成功标准,于是就产生了崇尚金钱及其权力功能的社会心理。在这种情况下,一些原来已经被社会主义价值观所否定的词汇和话语如今却拿来自夸自诩,以此来表示自己的强大、富有和成功,所以像皇家、宫

---

① 塞壬(Siren),希腊神话中的 8 个(一说 3 个)美女神,她们住在地中海的一个小岛上,常用美妙的歌声引诱过往航海者触礁毁灭。

廷、贵族、帝王、王者、霸气、甚至豪门、豪华、奢侈等话语满天飞，不以为耻，反以为荣。这种拜金主义的集体无意识甚至到了文理不通、语义颠倒的地步，比如中央电视台在新闻联播时段的广告中，口子窖为自己做的广告语叫做"奢而不华、简而不凡"。其实，奢华本身就是一个贬义词，厂家偏要以此为荣，不仅特意拆开了这个词，而且还突出了其中的"奢"，也就"奢侈"、"过度"的意思。于是，两个字拆开来讲，"奢"就表示过分、表面，而"华"才表示精华、内容，所以"奢而不华"一说就等于"过度包装"的意思了。但是，不仅口子窖厂家和中央台，全国观众和听众对此也熟视无睹和充耳不闻。

其实，类似上述的说法和做法所透露出的心态是为社会所认可的，所以说已经成为集体无意识了。比如，明明是某种政策效益、或者促进作用，偏偏都说成是什么"红利"，比如改革开放的"红利"，甚至还在国际场合公开说要让别的国家分享中国发展的"红利"。媒体的所谓互动节目也用"抢红包"来刺激受众参与的积极性；而为了掌握发财致富的技能，有的地方（比如广州）甚至在中小学开设理财课程。民主使得所有的人都有权利为自己制定预期，而且将此作为人生的最高、最好、甚至唯一目标，而赚钱至上的民主异化使其话语所流露出的个人主义不仅自恋，而且尤为自私，包括把自己应该做的事情叫做"付出"。比如，家长明明是"望子成龙"，却把这种属于本分的养育叫做"付出"；谈恋爱应该是特定两性双方的身心交融，也被当作是情感、财富、金钱、时间和精力的"付出"；结婚之前更要先做财产公证，以示区分，免得今后无法算清楚"付出"的主体、对象、以及数量等；更加堕落的说法甚至把为着信仰或理想、以及国家民族所做的自我牺牲也叫做"付出"。

当然,可以理解的是,由于民主的异化排除了选择,至少在形式上体现为人人都在辛劳打拼,所以"付出"一说也可能是在抱怨叫苦,但也的确很容易形成要求交易回报的集体无意识。因此,普遍、以及随处言说"付出"的现象及其含义,就在于潜在的交易标准和回报期望,否则,绝大多数"付出"就难以成立。在此意义上讲,支撑"付出"这一集体无意识的异化根据恰恰就是民主的交易原则,包括法制所主张的一分权利一分义务。

## 2. 科技迷信与绿色专制

民主在物质方面的又一突出异化,就是互为表里的科技迷信与绿色专制。从历史渊源上讲,科学就作为世俗的理性主义为民主思想及其制度提供了哲学意义上的理论根据和支持,用科学发明所产生的新技术又极大地提高了生产力,从而为市场经济开辟出了几乎是无限的发展空间。事实上,资本主义殖民扩张的道德依据主要就是物竞天择、适者生存的科学进化论,而先进的技术则成了这种扩张的物质手段。由此,如果从第一次工业革命算起,在整个文明过程中民主和科技始终就是互为表里的进步标志,直到今天,科技能力、尤其是其创新能力最为强大的地方,仍然是西方民主国家、尤其是美国。在这种历史背景和现实状况下,科技不仅被民主看成是财富来源的支柱手段,而且是先进思想的导向依托。于是,科技就被民主异化成了一种普遍的迷信,以至于人逐步丧失或放弃了自己的主体性和目的性,不仅心甘情愿地变成了科技的工具手段,而且还为了绿色生活的梦想接受着科技的全面专制。

由于环境污染和生态破坏已经越来越严重,绿色专制就成了发展和创新的必然补充。比如,根据联合国国际减灾战略署2015年11月23日的报告,20年来死于气候灾难的人数已超过60万,而从近些年的资源消耗对气候变化影响的峰值来看,2015年的"地球超载日"已经提前到8月13日了。然而,这不过是每天都有的铺天盖地的坏消息和各种警报的九牛一毛。所有人都害怕污染,都害怕气候变暖,所以从1992年里约热内卢关于环境与发展的《宣言》开始,经过20多年的不懈努力,终于在2015年巴黎时间12月12日19时26分,气候变化大会签订了《巴黎协定》。协定得到180多个国家和地区的同意,而且它们也都提交了从2020年起始的五年限期和减排目标,而长远目标是把全球气温较工业化前水平的升高控制在2摄氏度以内,并为控制在1.5度而努力。中国更是积极负责,在巴黎协定还没签署的时候就向全世界宣布,中国将在2030年达到减排峰值,也就是只使用风、水、光等可再生能源。

作为"绿色"文明来讲,巴黎气候大会绝对是一次历史性突破,可以算是全球性的共识行为,但它同时也是更为明显的科技迷信,甚至是具有双重反动性的绿色专制。所谓反动,就是指无论自觉与否,总之所作所为实际上与所说所要的预期相反。其一,这是强制一致,不管是否必要,总之都和民主的商量原则不符,也就是说,是民主造成的环境破坏使得民主本身不能再继续讲民主。其二,这就好像是鳄鱼在流眼泪,因为它最终还是要吞噬猎物的,而气候的"绿色"不仅需要减排,关键是要减产、甚至不产。但是,从发展与创新就可以看出,别说不产,即使减产也是根本不可能做到的。看起来是保护生态和环境,实质还是为了赚钱,否则为什么要提出"青山绿水就是金山银山"的口号,而不说"青山绿水就是青山绿水"呢?又为什么一定要把知识、科技、文化、生态都叫做"生产力"呢?

其实,《巴黎协定》签署困难、今后实施肯定更难的一大因素,还在于许多国家内部的党争和科学家的歧见。比如,奥巴马2015年8月5日公布了旨在限制发电企业碳排放的《清洁能源计划》的最终版,但共和党抵制,至少是能拖延就拖延执行;而科学家认为,欧盟和一些所谓最发达国家对于应对气候变暖的承诺还远远不够,即达不到限制在2摄氏度以内的标准。此外,社会各方也出自各种考虑和因素(包括经济利益、政治取向、技术担心、甚至自以为是等)而评头论足。于是,《巴黎协定》刚刚签订,各方在肯定的同时马上也传出了质疑,比如缺乏实施的路线图、不愿意出钱的"去货币化"出资方式、不应用碳补偿替代温室气体减排、国际法失衡的格局并未扭转、以及减排达标的代价过高等。

意见不一本来就是大家共事常有的状况,至少不一定就是坏事,但是,绿色与否的麻烦还在于民主而不是环境。环境民主是人的主体民主的延伸,但在形式上却体现为人对于对象(主要是自然)的保护。实际情况在于,民主一方面(从殖民扩张时期就开始)用市场经济的竞争来破坏环境,另一方面(主要是现在)又用人权和怕死来搞各种"绿色"。然而,最为具有讽刺意味的是,科技被几乎所有人"民主地"既作为保障自己挥霍享乐的可靠工具,又作为安慰和开脱自己罪责的价值观。这就是所谓的可持续发展,而且还好像很民主地样子表示要把各种资源打造的让自己使用起来更加舒适,以及让它们看上去更符合自然的本性,或者说保持绿色。这完全是痴人说梦,因为时至今日,生产、生活以及生存等状况早已使人类这个物种成为"灰色"的了,但是可持续发展偏偏异想天开,竟以为可以造一个绿色保险箱把人装进去!换句话说,真正合理的思维应该承认"灰色",而不是什么"绿色",既要在经济上放慢速度、适度生产,又要在人种品质上形成适应性耐力。

看起来,可持续发展以及绿色这类观点或说法很像是在掩耳盗铃,不过,从它的所作所为只能与它口头所提出的目标相背来讲,这应该就是一种反动的导向,或者说是民主本身的一种异化。如果发展意味着永无止境的上升或膨胀,那么可持续发展就是一个荒谬的说法,因为发展的这种状态已经是恒定的文明整体,如果发生变化也只能是这个状态的变化,所以既不存在发展可否持续的问题,而且能持续的也一定不是什么发展。同样,如果好的生态需要人为的保护,那么所谓绿色理念就是不折不扣的反动,因为用于自然的手段与保护人类的目的相悖,所以根本不可能达到两者的一致。

上述讨论可能过于哲学化了,不过就现实来看,可持续发展的异化在于对利益的获取变成了对安全的威胁,于是就自愿接受知识和技术双重挤压的恶性循环,比如被迫的现代化竞争、消费的无度化、品牌效应的讹诈、私利伪善的所谓知识产权、非道德化的新阶级等等。所有这些归根到底必然就是人自身的异化,也就是人自己的活动使得自己在地球的生存受到威胁,于是就用可持续发展来慰藉自己。一方面继续傲慢地忽视人类作为一个物种的整体变迁(包括物种本身的衰亡)可能,另一方面把对各种"绿色"的要求作为保护竞争优势的恶性手段或标准。在这种境况中,作为"可持续"对象的"发展"的真况如何并不重要,因为它已经内在化为体制化的审美节庆,成为异化内容和形式的同一。

之所以说可持续发展是最大的异化的另一个原因,在于它用"可持续"来除祛发展之"隔"的企图是一个悖论:发展就要可持续;发展就不可持续。因此,为了掩盖自身的矛盾,可持续发展就把人的异化做成值得最求的价值。由于自由意志,类概念的人必然追求不断变化,但是,发展的动力却在于具体的个人可以由此获得利益。这种情况一经现代化而发生,不尽的竞争就无法避免,于是知识和技术不仅是竞争的基本手段和最终能力,而且竞争的需要就把知识和技术本身当成普遍的价值。因此,可持续发展的根本矛盾在于,竞争的外在性、或者说对知识和技术手段的绝对依赖性必须具有合理性,于是就把它说成是内在的以人为本。在这种情况下,可持续发展本身已经成为一种科技迷信,成为文明本身的异化,由此,至少有两个趋势不仅使人类有理由关注环境问题,而且还把自己也作为环境的一部分、或构成部分来加以改善。

一个趋势是物种的优生和改良。英国《经济学人》周刊2015年8月22日一篇题为《编辑人类》的文章说,将来父母可以"按订单"来生孩子。根据在于,现在的手段已经能够轻松读懂、研究、比较人类与其他千万个物种的脱氧核糖核酸(DNA)序列,而现在正在研制、并有望成功的一项新技术,是用低成本迅速编辑基因信息。其实,问题不在于这项技术能否、以及什么时候研制成功并投入使用,而在于人们越来越关注自己的生命"质量",这种质量并不仅仅指存在或进行着生活,而且还在于物种的优生和改良。据英国《每日快报》网站2015年12月22日报道,帝国理工学院的专家们在一项突破性研究中发现了决定人们长大后是否聪明的那些大脑基因,而且科学家们还相信,能够通过改变这些基因来增强脑力,进而创造出"超级智能人类"。类似的研究为了能够找到改进人脑功能、提高智商水平的科技手段,所以机器、仿生、基因等等各种办法无所不用其极,以至于美国"智谋者"网站2015年8月28日的一篇文章惊呼(或者是欢呼),全球"复制"大脑的竞争正如火如荼地进行。

另一个趋势是寿命的延长。日子越来越好过,寿命越来越长,活过100岁的事情已经不新鲜,包括前半生吃苦拼命的老革命。一个国际小组对全球188个国家和地区的数据分析显示,全球预期寿命在1990年是65.3岁,到2013年就是71.5岁了,增加了6.2年。但是,也存在着各种差距。首先,尽管大多数国家人口的预期寿命都增加了,但高的和低的相差近一半!比如,日本2013年预期寿命为83.3岁,而非洲的莱索托才48.3岁。其次,邻近的国家也有差距。比如,泰国的预期寿命为75岁,而邻国老挝则是65.8岁,相差近10年。再次,寿命延长和疾病、伤残同步增长,后者甚至涨幅更大、涨速更快。比如,预期的健康寿命在1990年是56.9,到2013年为62.3,增了5.4岁,比前面预期寿命增加的6.2岁要少近1年。这些剥夺或严重影响了健康寿命的因素主要包括心脑血管疾病、呼吸道疾病、中风、背痛和交通事故等。另外,对男女的影响也有明显的差别,比如在事故致病、致残方面,男性的几率明显高于女性,而就罹患抑郁症的可能来讲,女性要远远高于男性。[①]

但是,即使不谈伦理问题,科学也不是万能的。于是,科技迷信的绿色专制就将人类自己作为环境、动物、以及机器一样的

---

① 相关研究的报道见《参考消息》,2015年8月28日,第5版。

东西,以便统一规范和管理,包括营养膳食、控酒禁烟、健身保健等。其实,这种绿色专制的合法性及其适用针对就是普遍的怕死,而且怕死才有理、才合道德。由于怕死,也因为绿色专制,遇到危险时的最佳做法就是躲起来,叫做珍爱生命,包括动不动就叫中小学和幼儿园停课。结果,文明的标志就在于使所有人都成为既怕死又无知、而且还守规则的机器或动物,他们出门戴口罩,按时上下班,吃工作快餐,或者像饲养工厂里的猪或牛一样,按照最有营养的食物配方进食,永远戴着耳机听音乐或用手机摆弄游戏,还定时去健身房,以显示自己不仅有情趣而且讲健康。当然,他们还不忘养宠物,以示有仁爱之心,如果开车,也一定要慢悠悠,以示很有修养,全然不顾浪费公共资源、造成道路拥堵,甚至全自动无人驾驶的开车技术也已经成熟,批量投放市场指日可待。在这种绿色趋势下,如果不按营养配餐、不晒太阳、不旅游、不运动、不低速开车、不养宠物、不戒烟、出门不戴口罩,都属于不绿色生活,都是大不道德。

其实,环境污染或恶化的情况未必那么糟糕,而且也不必如此惊慌,因为问题的关键更多在于如何认识民主异化的绿色专制,而不是这些环境情况本身的威胁。人类用民主的名义保护自然界,但自然界也是以数量来为继的。比如,珊瑚礁占海床的0.5%,却养育了25%的海洋物种,所以,多样性的贡献在于数量,而不在于"个头"的大小。同样,非洲很多地方的人什么都吃,野生食草动物也什么都吃,所以大家才都能活下去,自然也才不会被破坏。① 于是,绿色专制的另一个理由

---

① 参见〔美〕戴维·埃伦费尔德:《人道主义的僭妄》,李云龙译,国际文化出版公司1988年版,第166页。

就是要保护生物多样性。但是,有死就有生,没有前几次的物种大灭绝,也不会有我们人类,即使在今天,物种的多样性和总数是否真的一直在减少也是很难说的。比如,在美国媒体评出的2015年十大科学发现中,位列第三的就是发现了"数百个新物种",而且这么多新物种仅仅只是在同一个区域、即东喜马拉雅地区发现的。根据世界自然基金会在这一年10月的公布,这一地区的211个新物种包括133种植物、39种无脊椎动物、26种鱼类、10种两栖动物、1种爬行动物、1种鸟类和1种哺乳动物。

物种保护的工具理性需要是很清楚的,因为假如狮子灭绝了就会导致水牛的无限增多,于是草木都被水牛吃光了,结果这个地域就出现荒漠化了,那么,狮子就需要保护了。因此,过度捕捞、乱砍滥伐之类的行为当然是划不来的,所以必须严格禁止。然而整体看来,动物主义者们的主张和行为本身仍然就是民主异化的一种体现,而且由于他们自己并没有意识到(或者故意不承认)这一点,这种体现往往会很具有反讽的特色,也就是杞人忧天或自作多情。在这种异化中,对于一些物种(比如大熊猫等)的保护更多是出于人的消遣欣赏,甚至是一种政治行为,而很少有证据表明是所谓生物多样性的必须。相反,它们很可能本来就是应该灭绝或被淘汰的物种,所以不值得浪费那么多人力、物力、财力、尤其是宝贵的自然资源去保护。

当然,生态也意味着质量的优良,但是,为了吃饱肚子,不得不(当然也是自觉地)追求数量(产量),在这时候,科技手段的作用永远是第一位的,即使出了差错也不会被指责是违反了绿色专制。比如,袁隆平就应该获得人类最高的奖赏,因为他的高产水稻可以用同样的土地面积喂饱比原来三、四倍还多的人。但是,不仅高产与吃饱与否没关系(世界上仍有很多饥民),而且生态和生活的质量也不会去顾忌民主与否,包括比如关于转基因食物的争议、优良品种的适用域、意外或变异情况的责任和道德等因素。

和发展与创新一样,是否存在绿色专制或者普遍怕死与否也都是可以讨论的,但这方面的问题既不是危言耸听,也不是杞人忧天,因为对科技的迷信已经到了痴人说梦的程度:美国有个专题片叫做《逃离地球》,说的是如何建造一座巨型太空城飞船以便人类在地球爆炸之前逃往其他星球。一群科学家和工程师很认真地论证了建造这艘巨星飞船的可能,并详细介绍了它的内外构造和功能,但最具讽刺性的问题却在于,大家对于如何民主地确定备选人争论不休。太空城可搭载 20 万人,出于"绿色"的标准,对于登船备选人的资格需要考虑很多方面,包括种族、基因、智力、职业、技能、性别、年龄、健康、以及多样性等,但真正的麻烦却在于民主的异化,即有权势和有金钱的人是否会强制干涉,或者干脆自己另行制造飞船。似乎是为了解决太空城飞向哪里、以及可能去的地方距离地球太远等问题,美国有线电视新闻 2015 年 12 月 17 日报道,澳大利亚新南威尔士大学的科学家们发现了一颗人类宜居的星球,不仅其位置靠近"我们的太阳系",而且在已知可能宜居的若干星球中离地球也最近,"仅 14 光年"。

不幸(也许是万幸)的是,科技迷信并不能真的消除人类对自身溃灭的恐惧和担忧,所以另一个极端就是自杀,包括设想世界毁灭的方式。比如,联合国世界卫生组织在 2014 年 9 月 4 日发布的一份报告中说,全球的自杀率为 10 万分之

11.4，这意味着平均每 40 秒就有一个人自杀了，而且，高收入国家的自杀率高于低收入国家，男性的自杀率几乎是女性的两倍。作为一种警报，美国趣味科学网站 2014 年 7 月 8 日报道，地球磁场一直在衰减，而现在衰减的速度是过去的 10 倍，严重威胁全球的电网和通信系统。还有一些真实的危险，比如由于监管不善，各种病毒从实验室"逃出"，现在知道已经"逃出"的就有天花病毒样本、通过杂交变异的巨型杀人蜂等。还有对于"超级病毒"的担忧，也就是日本病毒学家河冈义裕在美国威斯康星大学的实验室里研制出的一种 H1N1 流感病毒的新变种，一旦感染将无法医治，以至于人们不理解他为什么要研制培育这种超级病毒。①

因此，科技迷信与绿色专制的互为表里就是民主异化本身的物质形态：一方面相信科技万能，另一方面又惧怕非绿色带来的灾害，于是不仅指望能借助科技进行逃避，而且还要预测世界毁灭的可能以及怎样毁灭。比如，牛津大学人类未来研究所和"应对全球挑战"基金会的一个研究团队公布了一份研究报告，说经过"科学评估"，世界毁灭的可能性主要包括 12 种方式或途径，即未知的影响因素、小行星撞击、人工智能、超级火山爆发、生态系统解体、糟糕的全球治理、全球体系崩溃、极端气候变化、核战争、全球流行病、合成生物学、纳米技术。具有讽刺意味的是，这 12 种方式中最有可能毁灭世界的竟然就是作为最先进科技的人工智能，其可能性高达 10%！② 果若如此，那么科技迷信者们以及绿色专制者们可真的要自食其果了。

---

① 相关报道见《北京日报》，2014 年 7 月 11 日，第 19 版。
② 该报告见《参考消息》，2015 年 2 月 15 日，第 7 版。

## 3. 战争与反恐

　　几乎所有的人都反对战争，主张和平，但是，战争与和平都不是抽象空洞的概念，而是真实的状况。民主在物质、而且是人的肉体存在方面带来的最大异化，就是不仅不能制止战争，维护和平，相反却制造战争，制造社会动乱和流离失所，甚至制造恐怖主义。因此，大半个世纪以来，世界所呈现的战争与和平图景，就是一方面继续不断挑事，颠覆他国政权，另一方面就是疲于反恐，到处搞联合国的"维和"。真所谓招来的贼惦记和不安宁，自作自受。

　　大家都知道，战争是政治的延续，而导致战争的"政治"性质和原因却具有完全不同的含义。但是，民主的异化恰恰在于极少直接揭露和批判非正义战争。为什么呢？据说民主可以公平或平等地通过谈判逐步解决各种问题和冲突，并在合作与发展以及共赢中达致和平。然而事实完全相反。远的不说，就简要列数一下20世纪90年代以来民主政治所发动的战争吧。先是老布什以民主、甚至正义的名义打了海湾战争；后来是克林顿打南斯拉夫，除了继续标举民主，还说那里的原领导人都是恐怖分子，都犯有战争罪或反人类罪；"9·11"之后小布什当然更有反恐的借口了，先是直接出兵阿富汗打塔利班，然后出兵再打伊拉克，推翻现政权，生擒萨达姆；接着是奥巴马打利比亚，击毙卡扎菲。

　　其实，战争性质的正义与否是很清楚的。从历史来看，正义的战争基本上有两种类型，一种是反侵略，大体上表现为民族战争,一种是反压迫,大体上表现为武装反抗现政权。因此,至少从逻辑上讲,站在正义战争对立面所进行的战争就是非正义的。但是,现在民主的主流看法已经很少再这样看待、甚至压根儿就不再谈及战争的正义与否了,相反,战争在西方、尤其是美国已经彻头彻尾地产业化了。这就是民主在战争方面的异化。大家已经认识到了核战争在技术层面的非对象化,也就是所有各方都输的结果,但为了利益(主要是资源、环境和经济利益)的追逐却又都不愿放弃战争,尽管目前还能够把核打击控制在威慑的限度内。为了产业化战争的赢利,民主的霸权意识形态就成了发动战争的最便捷理由。正是在这种情况下,恐怖主义就作为产业化战争和民主的霸权意识形态双重夹击的反动出现了。也正是在这个意义上讲,产业化战争和民主的霸权意识形态以及恐怖主义都是民主对于和平的异化形态,所以不管嘴上说什么和实际怎样做,总之这个世界不可能有持久的和平而只有连绵的混战。

由于恐怖主义的异化形式更具有杀伤力、更加不易防范,所以成了人类的公敌,也就有了"反恐"这个全球性的共同任务。但是,反恐并不能成为民主对一连串非正义战争视而不见、充耳不闻的理由,也不应该在谴责恐怖主义的时候悄悄放过了对其他(应该说更多)非正义行为和非正义战争的抵制。即使说事情都有轻重缓急的区别,也需要先弄清楚任务的内容对象,也就是对恐怖主义的判定。然而,就像全球都高度重视的许多问题一样,各种对于恐怖主义的理解也是不尽一致的,而且这种不一致包含的方面也很多,比如恐怖主义的特性、产生的原因、演变过程、与全球治理的关系、对全球政治格局的影响等。不过,就共同反恐的针对性或需要来讲,这里要讨论的主要的还是从特性和整体状况的角度对恐怖主义的认识,而且由于很难确定各国或政府的相关看法及主张的真实性和普遍性,所以下面所说的主要是学术研究的观点和情况。①

一般都认为,确实存在一个叫做"恐怖主义"的概念,只是自从 2001 年"9·11"袭击事件在美国发生以来,不仅这种看法更加普遍,而且恐怖主义分子的存在及其随时可能实施的恐怖行为都成了真实的威胁。这样,对于"9·11"之前的恐怖主义的理解,包括其性质和产生的原因等问题一下子都显得不重要了。换句话说,尽管有的看法认为一直就有各种各样的恐怖主义和恐怖分子,但现在的情况才是迫切需要形成共识并加以解决的紧要问题。

为什么会出现上述情况呢?不用讨论,凭经验就可以明白的道理在于,"9·11"太恐怖了,而且这种袭击太有可能随时发生了,最重要的还在于任何强大的武装力量对此都防不胜防。然而,认真思考就发现问题绝没有这么简单。一个不能回避的问题在于,恐怖分子为什么要搞"9·11",他们为什么选中美国来制造恐怖惨剧?对此,答案虽然不同,但主要可归结为两大类,或者说两个出发点。一个似乎不偏不倚,从不同的历史文化、宗教信仰、政治制度以及生活水平差距和习惯等因素,把恐怖主义看成一种"过激的"或"极端的"行为,而且往往是处于弱势的一方更容易因为各种"迫不得已"而采取恐怖手段。另一个出发点基本上是以所谓人权或正义与否的立场来看问题的,从而认为不管出于什么原因,恐怖主义都是违背人类道德的

---

① 本节参考的文献基本来源于 *Political Studies Review* 2009 年第 2 期上专门讨论恐怖主义的一组文章,包括研究现状的综述,其中有四篇文章的中译文发表在《当代世界与社会主义》,2009 年第 6 期。

恶行。

上述两个角度都存在一个问题,就是具体到"什么"是恐怖主义、尤其"谁"是恐怖主义者的时候,相应的解释就显得苍白无力了。因为可以进一步追问,"恐怖"本身具有好和坏的本性吗、尤其是同样的手段在不同的行为者那里是否就具有不同的性质呢?

正是出于对上述问题的难以回答,包括由于种种曲解和偏见而不愿意诚实回答,各种看法和认识尽管五花八门,但是都对判断恐怖主义的两个基本因素或标准表示认同,包括默认。一个是所谓无区别或无差别打击,即为了给社会造成恐怖,或者为了给官方施加压力,就对所有与恐怖分子无关的人、也就是所谓无辜的人进行打击。这一点之所以得到认同,因为它不仅超出了暴力行为的针对性,而且也超出了一般的或低级水平的恶行(比如绑架之类),从而形成了规模性的和持续的恐怖压力。另一个就是所谓非国家(或非政府)行为,也就是说,恐怖主义行为不是国家和政府干的。认同这一点的理由更加直截了当,即或者是出于对自己祖国的感情、对某种制度的偏爱,或者是担心混淆了恐怖主体的界限,从而失去了国家这个最有力的依靠。

其实,在理解和认识恐怖主义的各种看法中,正是无区别打击和非国家(或非政府)行为这两个近乎共识的因素,给反恐带来了道义上的混乱和结成统一战线的困难。就道义而言,对恐怖主义的谴责应该针对行为而不是主体,所以诸如北约轰炸南联盟这样的行为算不算恐怖主义之类的问题就很难回答;就统一战线来讲,问题并不仅仅在于不能搞双重标准,更重要的是国家这个主体是否可以免去承担恐怖主义的责任。确实有的观点就认为,恐怖主义就是由于霸权造成的,比如著名学者、美国麻省理工学院教授诺姆·乔姆斯基更是直截了当地说,世界和平的最大威胁并非恐怖主义,而是美国。① 因此,不难理解的是,尽管二战结束已大半个世纪了,但对于美国作为正义一方的战争主体是否就可以扔原子弹这个问题,全世界几乎都讳莫如深。

以人权的名义要求平等是可以理解的,但民主的战争和反恐并不能对此加以保护,相反,不讲政治导向就没法评判正义,而且战争和反恐中所能够做的也只是苟且和利益交换。即使民主真的是出于正义,比如说是在打法西斯,那么扔原子弹至少在逻辑上也和日本法西斯在南京的大屠杀、以及轰炸重庆等行径都是不折不扣的恐怖主义,因为它们都是企图通过对普通民众以及民用设施的无区别、毁灭性打击来迫使某个政府屈服。现在,越来越多的看法是,美国当时决定扔原子弹的主要原因在于,美国的军政界高层认为如果用常规战争手段进攻日本本土,就会牺牲几十、乃至上百万美国军人。这可真是不打自招:军人的命要紧,平民的命不要紧;美国人的命值钱,其他国家的人(尤其是非白人种族)的命不值钱!且不说牺牲本是军人的天职,只就美国的强势地位来讲,这种做法实质上是为处于弱势地位的力量使用恐怖手段提供了充分的根据和恰当的榜样。换句话说,不可能指望民主来反恐的道理,就在于民主不仅自己大搞恐怖主义,还逼迫出许多形形色色的恐怖主义。

上述情况带来一个看起来好像是不经意的后果,即对恐怖主义的恐怖是普遍的,但憎恨的对象却是特定的,比如只能憎恨非国家或非政府的恐怖分子及其组织,不能憎恨国家或政

---

① 乔姆斯基的文章见《参考消息》,2015年11月3日第10版。

府,甚至有些特定的国家不管在什么情况下都是不应该和不允许憎恨的。于是就又有一个问题,即是说,如果可憎恨的特定对象就是指恐怖主义本身,那么由谁来承担或作为恐怖主义者(或组织)是否也是特定的呢?事实上,从前述定性恐怖主义的"非国家"因素已经表明,答案是肯定的,因为不可能说某个国家(比如美国)的行为也是恐怖主义。同样,至少是出于霸权意识形态的话语导向,美国以及西方民主国家的任何事情也不应该具有恐怖主义性质,所以如果出现恐怖主义就只能是外来的。当然,并没有什么量化的数据或指标来表示这种后果是无意的还是故意的,不过,下面的一个事例也许可以说明与此相关的世人心态。

2015年3月18日,总部位于瑞士苏黎世的盖洛普国际调查联盟公布了一项调查结果,问题是"你是否愿意为祖国而战"。结果,在被调查的64个国家和地区中,被认为最有集体主义精神的日本竟然排列倒数第一:回答"愿意"的人仅占被访者的11%!比较起来,民主富裕的欧洲国家排序普遍靠后,比如荷兰15%、德国18%、比利时19%、意大利20%、英国27%、法国29%等;而在巴基斯坦等有恐怖主义威胁的国家,回答"愿意"的人高达近90%,位居前列;但表现最佳的却是那些相对稳定但对国际局势影响不大的国家,比如摩洛哥和斐济都高达94%。对于我们的讨论来讲,或许主要大国的调查表现应该更有意义:在回答"愿意"方面,历史悠久并且坚持社会主义的中国达71%,沉稳而有勇气的俄罗斯占59%,而高唱民主并且到处干预别国的美国则只有44%,距半数还差不少。

如果说,被原子弹轰炸的经历使日本对核战争感到害怕和憎恨是可以理解的,那么今天日本人之所以没表现出什么爱国主义,一个可能的原因正是对战争的正义与否、及其与恐怖主义的关系等问题认识不清。由此看来,恐怖主义的威胁,或者说恐怖主义成为人类公敌,反恐成为全世界共同任务的紧迫性,已经把前述那些以民主名义发动的战争所应具有的正义与否问题排挤到一边去了。但是这样一来,民主反而更可以继续发动战争、制造战乱了,只要说是出于反恐的需要、或者是在打击恐怖主义就行了。事实也正是如此,所以直到今天,各种反恐都是假借民主之名,其实是根据自己的需要采取选择性的行动。结果,西方(主要是美国或以美国为首)以反恐为名的各次干涉已经在北非和中东,包括埃及、伊拉克、利比亚、叙利亚等诸多国家,制造了大规模的持续战乱和大批的难民,还连带制造了周边、甚至欧洲国家的大麻烦,比如应付难民潮和巴黎连环遭袭这种恐怖主义的升级版。与此同时,恐怖主义也越来越猖狂,不仅恐怖分子的袭击越来越频繁、手段越来越残忍、造成的(包括一次恐怖袭击就造成的)死伤人数越来越多,而且已经发展成以公开的武装组织和力量进行大范围和大规模战争的常态。因此,一个难以回避的真实问题就是,到底应该如何认识民主的战争和恐怖主义之间的关系。

上面讲到"9·11"是个历史节点,其中一个重要的原因,就是美国及其西方盟友可以借此把所有责任都扔给恐怖主义,尤其是扔给由伊斯兰原教旨主义承担政治责任、以及由穆斯林民族为主要人员构成的恐怖主义组织。指出这一点,是为了更清楚地说明恐怖主义问题的真实含义。如果说,迄今的反恐招致了恐怖主义的更加猖獗,那恰恰表明问题在于今后应该如何更严厉、更有效、更全面地打击恐怖主义。因此,谴责恐怖主义和如何合作反恐是当前全球共同的任务,但完成这个任务的认识前提在于指出另一个明显的事实。这个事实就是,即使不能完全说恐怖主义就是民主的发明、或者被民主打压的结果,至少以现在所谓的民主观念和方式来反恐几乎是没有成功可能的,因为尽管霸权主义、干涉别国主权和内政、以及各种双重标准本身不一定(如果不是极有可能的话)就是恐怖主义,但确实都很容易继续制造新的恐怖主义。

其实,要理解上述真实情况也不难。由于一切都是为了赚钱,所以光有军备竞赛不行,即使只剩下美国自己一家独霸去搞反导系统也不行,不仅要生产军火,而且一定要打仗,要把军火卖出去、使用光。这就是军事活动本身的被发财化和被工具化,它必然导致并加剧以国家为主体的冲突和全球秩序的紊乱,而恐怖主义不过是在这种战乱中乘势成长起来的毒瘤。况且,这里还没有涉及一国之内的恐怖主义问题,好像本国的种族偏见和暴力等行为、比如美国日益频繁的各种枪击案就不恐怖了似的!但是,就连美国政府和社会在深受各种枪击案之苦转而提出的控枪要求,也还是因为抵制势力的赚钱需要、当然也包括由于党争的因素而不得实现。因此,极具讽刺意味的是现在已经形成的一个惯例,即一旦发生了极端或突发事件(绑架、劫机、爆炸等),政府第一个要向世人说明的就是确定它是不是恐怖主义,与恐怖分子或基地组织有无关联等问题,好像只要排除了官方认定的恐怖主义性质或因素,一切就可以在正常的民主轨道上来解决了。没有办法啊,现实版的掩耳盗铃就是这样一而再、再而三地上演。

自从反恐成为全球性问题和共识以来,中国政府和中国共产党多次在各种、特别是重大的国际场合指出,反恐必须标本兼治,所以不仅要反对一切形式的恐怖主义,而且坚决反对搞双重标准。在2015年11月召开的20国集团领导人峰会上，习近平主席再次重申了这些观点和主张，得到了国际社会的高度评价。对于中共来讲，习近平的表态是真诚自然的，因为中共从武装斗争干革命的时候就明确反对一切形式的恐怖手段。但是，世人的高度评价和赞扬并不等于认识完全一致，人们嘴上不反对也不等于真的就不搞双重标准了，相反，正是民主的异化使得标本兼治的反恐成为不可能，因为霸权主义和双重标准不仅阻碍反恐，而且往往还成为恐怖主义越益严重的重要原因。

因此，即使在打击恐怖主义上全球是完全和高度一致的，具体做起来也是矛盾多多。况且，西方的双重标准既顽固又露骨，包括从来就不认为中国打击所谓"东突厥斯坦"是正当的反恐行为。西方一直批评中国的法制不健全，但是当中国制定了《反恐怖主义法》，却仍然遭到美国政商界的批评，包括认为中国这个法律对于恐怖主义的定义太宽泛，可能会侵犯包括宗教信仰和言论自由在内的人权、以及授权政府掌握重要数据致使企业利益受损等。至于美国直接干涉别国的情况就更不用说了，比如公开支持叙利亚的反政府武装、积极给予武器援助并主动培训军事人员等，当然也就坚决反对叙利亚政府打击叛军的行为。另外还有难民问题，无论欧洲将怎样应对，如果不是像中国主张的那样，把合作反恐和发展放在一起考虑来进行标本兼治，难民问题是不可能解决的。

由于认识上的不一致、各种误解和偏见、普通民众关注所在的差异等原因，共同或者合作反恐中的"标"和"本"其实是含混不清的。比如，从主体对象来讲，打击恐怖分子本身是最迫切的"标"，但也是最主要的"本"，这其中的关键就在于如何对待不同的恐怖主体以及怎样实行不同的打击。又比如,不打垮恐怖分子,连治标都是一句空话,但如果这种打垮仅仅是指肉体消灭,那不但不是治本,甚至根本就做不到。事实上,反恐的诸多标本关系往往相互支撑、互为表里,如果认识不清或处理不当就难以奏效,甚至标本皆失。比如,世界各国通力合作是治标的基本要求,也是具体的治标行动,但如何能够保证这种合作持续有效才是治本;保护人民群众免受恐怖主义祸害是治标,而发动人民群众也一同参加反恐(尽管与官方的政治和军事行为有着形式上的区别)才是治本;要求各国制定统一或协调的战略和政策是治标,而如何使这方面的阻碍因素尽可能减小才是治本;等等。

在我看来,彻底打败恐怖主义的关键,是尽可能地扩大包括"朋友"在内的"我们"的共同体或统一战线,所以标本兼治的真实含义应该是达致敌人本身的瓦解或化解,也就是使之不能成其为、甚至不想成其为敌人。简括地说,反恐的标本兼治不仅要求全球各国及各方面的通力合作,更需要在道义上最大限度地孤立一切形式的恐怖主义,以及开展人民战争并以釜底抽薪的方式使恐怖主义彻底失去作用。对此,至少需要处理好以下几个问题。

首先,比较现实的做法,或者说在治标的主要层面,应该是形成合作打击恐怖主义的机制,做好打持久战的准备。比如,世界各国就共同反恐签订军事、情报和信息等方面的条约或协议。这种做法尽管也存在各自利益、双重标准等问题,但是出于大局,仍是有可能做到的,至少可以签订有条件的和阶段性的条约或协议,并将此作为全球治理在反恐方面的创新措施。

其次,必须坚持原则,在道义上揭露、孤立和反对一切形式的恐怖主义。这方面的工作具有标本兼治的功能,因为这样不仅能伸张正义,而且也有利于分化瓦解恐怖分子,至少可以利用他们(包括"伊斯兰国",即 ISIS)内部和之间的矛盾。但是,这种做法的难度也是显而易见的,尤其对于明里暗里搞双重标准的人来讲,肯定是不情愿的,因为这将要求尊重别国主权、停止干涉内政。

第三,必须开展人民战争。这可不是什么全球治理,而是全球性的正义战争任务,更是所有人都有责任的打击共同敌人的斗争,也就是我们熟知的"匹夫有责"。但是,这种做法也很困难,甚至比反对一切形式的恐怖主义更难,因为西方民主一直教导说,打仗是政府和军队的事,号召并开展人民战争就等于侵犯人权。事实上,是否进行,以及能否打胜人民战争的根本依据一是正义,一是人心,所以人民战争并不是想打就能打、谁来打都能胜的。

第四,釜底抽薪,让恐怖主义彻底失去意义。恐怖主义的"杀手锏"就是无区别或无差别打击,而且手段残忍,所以大家才害怕,政府才有压力,才叫做恐怖。但是,正因为如此,最有效的治本办法就是让恐怖手段失效。也就是随时随处以坚决、迅速、彻底消灭恐怖分子为首要任务,并不因包括无差别打击或人道主义救援等其他因素而有所动摇、迟缓和改变。

第五,为了前述四项的实施能够减少麻烦,还必须媒体的配合,也就是说,没有政府的批准任何媒体一律不得报道有关恐怖主义的消息。

可惜的是,实施上述那些做法的可能性几乎为零,因为民主已经异化,甚至连我提出这种想法都会招来各种严厉的批评,包括指责为不人道、不讲人权、反人类等。这并不奇怪,因为民主对于战争的理解已经屈从战事本身的被发财化和被工具化,所以不可能消除恐怖主义。战争是政治的继续,同时也更加具有争取多数的特性,从战争的胜利来讲甚至就是绝对多数的取得。但是,战争的这种多数有两个完全不同的层面和含义。一个是对象性的战争主体,即战争双方或多方的数量,包括不同的国家、以及国家结盟;另一个是非对象性的战争主体,比如一个国家里的军队和民众。民主反恐的矛盾和困难主要出现在后一种情况。

按照民主制度,军队是属于国家且政治中立的战争工具,所以打仗是军队的事情。中国之所以敢于提出打击一切形式的恐怖主义,其中一个重要的因素就在于社会主义讲的是人民战争,军队和民众是一体化的,而中共夺取政权的经历早已典型地证明了这一点。但是,所有这些道理在现在的民主那里都是讲不通的,因为它不仅要求把军队和民众区分开,而且要求军队不问政治。这样一来,军队其实也就很难得到民众的支持了,甚至连给予配合都做不到。更糟糕的是,民主使得民众也认为军队对自己的保护是理所当然的,所以一方面更加胆小自私,另一方面必然变得更加抱怨政府和军队的低效无能。正是在这个意义上讲,极端主义和恐怖主义都是沿着民主思路生出来的,只不过是反其道而行之罢了。一方面,极端主义和恐怖主义是少数,但也是独立的战争主体,所以它可以自主地选择战争方式;另一方面,它们之所以采取极端和恐怖的手段,为的是有效削减优势敌手(即政府军或所谓的正规军)的军事实效,而且他们深知、并专门攻击民主在这方面的一大弱点,即本性上的脱离群众。

即使在技术层面,对于民主的不同适用原则或态度也使得合作反恐难有成效。比如,在安全与公民个人的自由和隐私方面,美国强调的是前者重于后者,而欧洲则正好相反,以至于英、法、德等国在是否参加对极端组织进行军事打击的问题上,还需要议会投票,搞不好甚至还需要全民公决。最为离谱的也许是法律与反恐的冲突:根据《纽约时报》网站2015年12月16日的一则报道,比利时警方知道巴黎恐怖袭击案的嫌犯萨拉赫·阿卜杜勒-萨拉姆的藏身之处,却由于自觉遵守晚上9点到凌晨5点不能搜查私宅的法规而按兵不动,等次日上午再去抓捕时已经人去楼空。

因此,尽管合作反恐的各国军力比恐怖分子要强大的完全不成比例,但民主的反恐也必定是不可能成功的。这样讲的理由主要有两个。其一,产业化战争和民主霸权意识形态使得全球的合作反恐在最好的情况下也只是治标层面的行为,而不可能从根本上铲除恐怖主义产生的原因和条件,甚至为了各自的利益连治标都难以合作;其二,今天的民主既不愿意打、也打不成人民战争,从而把自己弄成了战争及相应政治中的少数。尽管无法预测今后反恐的具体情况,也不能确定战局的走向,但可以肯定反恐不仅是一场持久战,而且变化的只是斗争形态,几乎不可能取得彻底胜利,更不要说铲除产生恐怖主义的因素和根源了。

## 4. 小结

由于民主的体制化,私利已经成为"公意"的真实目的,于是,人在物质方面的全面异化就具有了被发财化和被工具化的特征。换句话说,不管有意无意、自觉与否,每个人都被裹挟着去做发财梦、去理财,同时也就都把发展作为目的,心甘情愿地把自己当成工具或手段,所以就生成了赚钱至上、绿色专制以及反恐困境等人的物质性异化的主要内容方面。

在民主带来的异化中,赚钱至上并不仅仅是道德意义上的拜金主义,更为本质的还在于它是现代化竞争的迫不得已。但是,由于民主既是这种现代化竞争的合理性根据,也是它的合法性保证,所以任何主体(国家、组织、机构、社会、家庭、个人等)都不再是目的本身,而只是赚钱的工具,甚至只是无目的发财机器上的一个零件。

为了使发展与创新成为赚钱至上的永动机,民主的异化必然、而且轻易地就选择了科技迷信。由此,人自以为能够摆脱环境污染、生态破坏、以及资源枯竭等各种人为的灾祸,却再一次被工具化地做成了绿色专制的对象。换句话说,怕死的人类不得不把为自己服务的科技异化为主宰一切的神灵,任由它把人当作没有意识的物体进行规范和统一管理。心理医生的作用增大和数量增多,就是人类由于怕死而求助心理"科学"及其相应临床"技术"的最直接证明。

从直接造成肉体毁灭来讲,战争是最为物质化的,而它也更是完全被发财化和工具化了。战争正义与否的政治性质已被民主彻底解构,对赚钱至上动机的掩饰和对霸权意识形态的张扬成了产业化战争的常态。从精神意志、肉体能力、以及武器效能这三者相互匹配的极限来讲,属人的战争在抗美援朝胜利之后已经终结,发达的武器装备和科技手段已经把战争变成了非对象性的杀戮游戏。标举和维护人权的实际状况,是生命的无足轻重和流离失所。在这种异化中,民主保卫和平的功能走向了自己的反面或对立面,而和平主体、也就是主张和平的人和国家都成了被战争工具所控制的对象。与此同时、甚至就作为这种战争异化的必然伴随物或现象,恐怖主义以反击霸权意识形态的极端方式出现了,并极大地加剧了暴力活动和民主反恐两个方面的被工具化。

# 第七章　精神方面的无区别化和被对象化

体制化民主的异化特性潜移默化地影响着人的精神,其明显的结果就是内容的随意性和形式化。大家都把讲民主看成自然而然的正当做法,具体的内容对所有人来讲反而是无区别的了,以至于自私而又自恋的自我只能以被对象化的方式求得实现。在这种异化中,文化也日益表面化,或者说流于表面形式,以娱乐和解构为主要方式,把瞬时的噱头和自己的出名作为追求目标。精神方面的民主异化深刻地反映了人在类存在意义上的自我堕落,而其在文化和表象层面的特征化反映或体现,就是人的真实时空的广告化以及言语堕落的集体无意识。

## 1. 广告式生活

广告就是广而告之,告知的内容可以无所不包,但目的都在于不仅要使知道的人越多越好、而且还要尽可能使他们认同并实现广告发出方的预期。因此,广义的广告就是指广而告之的宣传形式。不过,就实际情况来看,人们所说的广告主要指那些具有商业性内容的宣传,如果把这叫做狭义的广告,那么它的目的就在于使尽可能多的人响应广告的宣传、并以购买的行为支撑广告发出方利润最大化的预期实现。

不过,无论广义还是狭义,广告和其他宣传方式不同的突出特征,就在于它的艺术感染和诱劝鼓励作用,而这种作用方式可以很方便地契合了民主的自由选择要求。反过来也一样,也就是说,民主在争取瞬间最多数——也就是将某种特定支持尽可能快地覆盖尽可能广的范围(领域、人群、以及行业、部门等)的时候,最方便也最常用的方法或手段就是广告。其实,民主票选的历史和现状及其形态都是广告式的,而且也都是具体的广告内容。随着各种(尤其是通讯和材料)技术手段的不断先进,民主对于广告方式的运用终于突破了政治和经济的局限,在整个社会层面使人的生存状态和生活方式发生了异化。具体地说,就是广告以一种文化方式、同时也就作为一种文化本身成为人生存的前提以及生活的机制。我把这种状况叫做广告式生活,而无论是实施民主政治还是对于民主的运作,也就都成了异化的广告。

广告在形式上要求具有形象化和感染力,而这些恰恰就是艺术的特征,所以广告不仅要借助艺术形式,而且具体的广告本身也可以同时是一件艺术作品。但是,把广告作为生存前提和生活机制的主要根据则在于、迫于并出于现代化运动的压力和刺激,广告将人的主体性转换为一种新的美学观照,其突出的类特征就是广而告之:或者以放大的被告知来证实自我的实现,或者以广泛的参与来安置自我的慰藉。在此意义上讲,广告本身成了生活层面最具民主特性的文化和表象,它既是知识和技术双重挤压的产物,同时也体现了知识和技术在民主意义上的体制化异化。

广告太像民主了,而且就是民主的无区别化和被对象化。首先,广告有一个光鲜靓丽的形式,或者外貌,这就是它的艺术特征,或美丽、或怪异、或亲切、或恐怖,总之,能够用很强的视觉(以及听觉甚至触觉、味觉)冲击力打动你、感染你。其次,广告有一个突出的主题,无论合理与否,总之这个主题的反复出现和强调使你不知不觉就记住了它。第三,广告的内容和程序完全公开,对所有人一视同仁,完全平等,不仅受众可以对广告的内容和号召进行自由选择,不同的广告也可以自由竞争。第四,广告不一定完全真实,但它绝不作假,否则将受到《广告法》的惩罚。第五,广告从不强迫任何人做任何事情,它虽然诱劝大多数,但绝不伤害少数,因为对广告的一切反应全凭自愿,而且是自由平等的自愿。但是第六,也是广告与民主最根本的"太像"之处,就是两者都把真正的目的藏起来,或者用花言巧语的诱导加以掩饰。如果说民主掩藏的根本目的是维护私有制,那么广告掩藏的就是欺骗本身,即它要的明明是你口袋里的钱、或者是你对它某个要求的遵从,却偏要说它只是在替你着想、给你方便、为你服务、为你好。

如此说来,广告似乎就是一种阴谋、一个陷阱。不过,上述的广告和民主的"太像"其实是把因果关系说反了,因为这种"像"不过是作为结果的状态,真实的情况应该是民主造成了各种广告化,也就是说,民主用它的体制、思维、习惯、心计等各方面的功能,在文化和表象的层面、或者说就作为真实的文化和表象把一切都广告化了。这样一来,所有人都必须、应该、也只能按照广告的套路(或模式)来活着,所以叫做广告式生活。作为一个人,他(或者她以及中性人、变性人、双性人)从清晨睁开眼睛直到晚上睡着以至于在梦中(如果做梦的话),一切活动(包括思维)都是以广告的方式进行的,并且是由广告式的各种目标(包括下意识)引领的;作为一个人的生命,他(或者她以及中性人、变性人、双性人)从精子和卵子还天各一方的时候,就开始被广告式地讨论、计划、申请、制造了,直到这个生命(如果做成了生命的话)的全过程,包括出生、成长、死亡、甚至死后,比如什么时候死(这样讲的理由至少在于广告说健康的生活方式可以延长寿命)、怎样死、死后怎样处理、以及将产生什么样的影响等。因此,广告"太像"民主的真正原因,或者说广告式生活所体现的状况,就是民主对人的文化和表象的最根本、也是最广泛的异化,以至于任何人想要不广告式的生活都不可能,所以说是无区别化和被对象化。

不管上述异化是否是民主有意识"利用"广告的结果,它毕竟反映了民主和广告之间的一种艺术性联系。艺术天生就是给别人看的,而且广而告之,所以藏在山洞密不外示的东西不算;民主也是公开而又广而告之的,否则就可能是集权、专制、甚至阴谋。铺天盖地的广告及其氛围将某种形式本身反复持续地向所有人展示,以至于广大受众不知不觉地、甚至被迫地形成了某种感官参与(其实是视觉审美)的习惯。由此就产生了两个相互关联的问题。其一,广告的受众由于不得不面对广告,当然也就会对广告的形式作某种好坏高低的评判,而这种评判在直观上往往是艺术性的,即广告是否好看、是否创新、是否吸引人等等。其二,制作广告的人也会挖空心思创新广告形式,或者说使广告更具有艺术性,甚至就把制作广告当成艺术创作。相对说来,前一个问题的功能在于"表达",后一个问题的功能在于"展示",而两者合起来要达到的效果就是"*知道*"。

广告的"知道"民主而又透明,其真实性既是指对象的接受,也是指发出方和接收方共同营造的新内容,包括过程、氛围、效果、愿望等。人们之所以很习惯地选择广告并不是出于"相信",而是被这种"知道"看似公开、平等、自由的形式和程序所裹挟,甚至就是"知道"本身的功能延伸。因此,尽管具体的广告有其外在目的,但正是知识的技术手段和艺术的形态特征,给范畴意义上的"广而告之"提供了载体形式,并由此把广告的外在目的美学化了。作为习惯选择的"知道"成了今天各种广告式生活的共同特征,而其美学含义则在于物质利益和技术手段的同一、以及艺术作为人的一个重要(甚至主要)本性特征的被广告化。由此,民主不仅认为自己能够像自然科学一样精密准确地说明人性和秩序,而且要求这种说明必须是广告化的。换句话说,主体性原本是和艺术性内在同一的,广告却以体制化的方式和习惯分离了这种同一,使得主体性和艺术性分别都成为一种无区别化和被对象化的存在形式。

看起来,广告式生活的无区别化和被对象化消除了不同知识和技术系统之间的隔膜,实际上却是用这种"除隔"来掩饰利益追求的普遍化。人的各种价值判断都以某种知识为基础,而人的行为选择又都是以某种技术为支撑,因此,不同的知识和技术、以及不同的人对这些知识和技术的掌握和运用,都可能出现相互隔膜的情况。在专业领域、或从专业的角度讲,消除这些隔膜应该有很多相应的办法和途径,然而从一般的生活层面来讲,真实的除隔是由广告的方式来达到的,或者说,广告提供了生活中的除隔功能和形态。除隔的典型效用,就是物质利益与技术手段的同一形态,技术手段不仅被当作物质利益的源泉和支撑,而且就是物质利益本身。由此,除隔就是当今的文明取向,就是广告式生活的习惯选择,就是制造"知道"的体制和机制,就是人自以为实现了自由平等的民主异化。

在普遍的除隔中,人的生活被广告化了,而形成这种广告化的习惯选择就被当作有知识(甚至有教养)的表现。现在是所谓知识时代,人们以为什么都靠知识,而且尤其重要的是都想方设法使知识本身成为财富。广告的除隔具有外在的利益目的,但其除隔的功能却与知识有着相似的形态。广而告之的除隔就是这种"需要的知识":广告发出方用它达到外在的预期,接受方则把它作为新知识(及信息)的来源,于是双方共处一个由他们自己共同形成的生活知识场中。广告和知识本身都不是一种能量,没有能量守恒和熵增现象,但却都可以产生物质性的作用;广告和知识也都可能发生误导,但受误导的对象并不能使广告和知识本身发生变化;无论广告还是知识,它们传播的范围越广,其使用价值的可能性就越增加。广而告之把各种领域贯通了,倘徉其间的人便以为除隔就是对规律的掌握,甚至就是规律本身。于是,什么规则与自由、学科与场域、真实与虚拟以及物质利益与心理习惯等高深莫测的哲学问题统统不在话下,都可以轻易地经由广而告之被每一个人所掌握和分享,并且按照每一个人自己的期望和利益参照随意理解——这是多么美妙的民主境界啊!广告提供的乐园使人就像花果山中的猴群,他们相互招呼、自以为是、随意乱窜、叽喳呼啸。

在这些除隔中,被看成最为进步和便捷的方式或手段就是信息化,因为它以最为民主的形式实现着所有的广而告之,以至于人们并不需要对信息本身具有知识的"知道"。比较起来,在信息化之前(甚至古代)所有具体的东西都是由于被"知道"了才有用的。比如,没有广告,但有了"酒香"的质量和诚信照样可以开店"不怕巷子深";在没有飞机大炮和电话电报的时代也从来不会耽误大家打胜仗。广告式生活倒是充分信息化了,但是,不仅知道和不知道都一样,而且任何东西并不是因为知道了才有用的,相反,很多事情是由"知道"本身制造出来的。比如,没有公开的文明民主,也就用不着随便捏造一个理由让联合国授权许多大国合伙去打一个小国,而有了所谓大众媒体和网络民主,生活环境反而更容易不稳定。

事实上,广告是现代化本身的需要,因为无尽的竞争和攀比使卷入其中的所有各方不仅想方设法追求利益最大化,更害怕被指为"落后"。因此,广告是生活的无度愿望,是形态对真实的僭越,但却被作为陶醉的节庆,淹没并鄙弃了其他所有生活形态。在此意义上讲,广告式的除隔至少已经是人与人、以及各种活动之间相互交往或沟通的一种文化规则了。广告可以对应于某种产品、技术、服务、项目、消息、甚至知识本身,但是广告并不依赖它们才成其为广告,相反,广告是对它们的说明和替代,甚至就以知识的形态影响和造成人们对这些东西的态度和看法。广告的这些特性也就是民主的形式特征,即以公开化的姿态向所有人发出参与的邀请,所以接受者不会感到被强迫或被欺骗,而是把这种邀请作为生活可持续发展的形式导向。广告的内容并不重要,关键是广告式的生活使每个人都有了持续参与社会消费的机会或可能。当广告提供这种可能性的时候,除隔已不仅仅是理论上要求,而且成了某种具体的文明形态,即广告式生活。因此,人们可以用这种文化规则来调节物质利益和心理习惯之间的张力,并以此作为所愿望生活的价值导向和打理机制。换句话说,所有人都处于广而告之的体制中,竞争的驱使和刺激使人的类特征体现为知识和技术本身,而人的主体性只能在广告式生活中寻得慰藉,并逐渐习惯了知识和技术双重挤压造成的文化和表象异化。

人的自由意识必然会追问存在的根据和生活的价值。在根据方面,无论物质和精神哪个是第一性的存在,最终的问题只在于主体是如何"知道"这一点的;在价值方面,无论坚持什么道德,最终的问题只能是主体靠什么"手段"来实现所坚持的信念。但是,广而告之的除隔已经使主体性本身无足轻重甚至不复存在,"根据"和"价值"分别体现为以先验性为规律来支持现代化运动的合理性、以及以广告化为自然性来转换个体的独特性。现在的知识爆炸和技术更新已经到了这样一种程度,即主体可以从为自己服务的意义上对待物质和精神的关系、以及知道和手段的同一性。这样一来,尽管主体并不宣称自己无所不能,但是却把为自己服务当成按"规律"办事。换句话说,笛卡尔时代以来联结物质和精神的先验综合,就被当成了规律,但却忘记了规律的真实性原本就是属人的。

其实,当广告作为一种文化规则和表象载体深入人类社会生活的各方面时,这些规则和载体本身也广告化了。广告是超越时空的,因为它并不局限于说明某个客体或对象,甚至根本不是为了这种说明,而是一种心态上的引导。从审美体验来讲,广告没有内容,它就是形式、以及形式习惯本身,因为它的意义内在于复制自身。广告化除隔在今天的知识状况下有着比以往多得多的便利条件,所以很容易被作为文化规则和表象载体来接受,从而以习惯方式、或者就作为某种习惯来超越言语的局限,成为某种艺术活动。当知识以芯片为载体、以光纤为通道来储存和传播时,知识的时效性虽然格外突出了,但是知识的应用程度和范围也大大增加了。因此,首创者一旦拥有了发明权或其他知识产权,稍后的同样发现或发明就毫无意义了。于是,广告就充当了知识的流动和复制,并以文化和表象的方式对民主的体制化异化起着持续巩固的作用。换句话说,广告就在选择的意义上提供了知识运用的各种开放性能指,而不必考虑言语的所指确定。

于是,广告实际上已经成为一种人人都可以利用的文化规则和表象载体,这不仅因为它是一种知识隔除,尤其因为它表明的是一种民主的机制及相应的平等权利。但是,广告式的话语霸权非常适宜绝对的个人主义,所以现在的广告(商业的和公益的)都喜欢用第一人称说话,比如说"我"怎么(我奉献、我快乐之类),而不说"我们"。因此,广而告之提供的只是更多参与除隔的机会、条件以及形式,完全不必顾及人们是否听从或相信广而告之的内容、以及是否作另外的理解和评论。广告审美由此把对言语的超越也体制化了,从而知识和技术双重挤压的民主异化竟被当成广告式生活的不断创新习惯。因此,广告给人带来的体制化异化,就是民主及其权利本身的无内容化,或者反过来说,规则使人把形式就当成内容,将生活投入无区别化和被对象化的境况。

由于广告专制把民主变成了纯粹的形式,异化的广告式生活也就成为没有内容的自我要求和主张,因而造成了文化和表象的表面化,并且不承认任何禁忌,包括最具本体性的两性关系。人类原本就只分为男女两种性别,而且对于单性和两性关系的态度和处置,更是类人和每一个人最根本的民主权利,但民主的广告性异化既把个体和私密的性本身大众化和公开化了,而且还对由此带来的祸害毫无羞耻感。因此,同性恋、双性恋、两性人、变性、中性、第三性、甚至无性别都成为民主权利,都要求合法,并要求相应的存在和生活方式,比如结婚以及生育后代。不仅如此,遗传工程和人工繁育(试管婴儿、冷冻精子、代孕、异种移植繁育等)被作为先进文明的尖端科学,甚至是相应病患的福音。几乎完全是无约束的性愉悦结果的艾滋病,也被作为必须尊重和关爱的生存权利,以至于由性传播而感染艾滋病的患者基本上不可能对自己的行为有什么羞耻心,而且网站拉皮条、手机约会软件等所谓信息化手段,更是在为性民主的人提供方便,并毫不负责地对艾滋病传播推波助澜。

广告式生活其实也是广告本身的专制,并已经成为当今民主政治的异化特征。比如,法国的《世界报》在2013年10月27日就发表了一片题为《广告恐怖主义》的文章,认为广告和政治相互利用,使得"广告暴力"至迟在20世纪20年代就成了一种操纵媒体和信息的政治力量,而"在这两者形成的平行政治世界中,毫无民主的立锥之地。"

## 2. 言语堕落

相对说来,广告式生活体现的是结构性的精神变异,而言语堕落表明的则是精神的自我态度。在人的精神层面,最基本、也最具特征性的载体是语言。语言不仅仅是人相互表达和沟通的工具,作为人类赖以存在的文化基因和遗传密码,它更是人之所以为人的根据和支撑。因此,言语作为语言的运用从来就不是被动的接受,也不是随意的方便,而是对人这个物种生存、延续和进化的自觉维护。换句话说,言语是人的脸面,是人引以为豪的精神状态,更是人自身的规范,就像古人所说的那样,"不学诗,无以言"。然而正因为如此,言语又是人的最大局限,因为在语言之外没有办法表达任何意思,甚至连思维也无法进行。这当然是语言和思维的同一性,而且为了谋求对语言的超越,人类发明了艺术。在这个意义上讲,言语自由的终极边界有两个,一个是物种的伦理规范,即对于上述"脸面"的维护,另一就是艺术形式与日常话语的联系。但是,各种体制化的民主习惯终于使人的自由要求不耐烦言语边界的约束,于是就撕开了脸面,解构了艺术形式与日常话语的联系,从而把言语只当成外在于人的对象性工具。

言语的无区别化和被对象化状况并不是自觉的,而是一种集体无意识,即精神层面、或文化和表象意义上的随意性。但是,既然言语是人的脸面,这种随意就不是一种漫不经心,恰恰相反,它是民主异化带来的对语言规范的解构,是言语自由的自嘲,为的是展示精神面貌的软化、中性化、贫乏化,以反对理想主义、英雄主义、集体主义、以及正经硬朗的精气神,所以是精神在可见形态方面的终极堕落。所谓终极,指的是人与语言的同在;所谓堕落,就是无区别化和被对象化的言语彻底阻隔了这种同在,或者说彻底弃绝了这种同在的伦理性。从技术层面讲,媒体的功能使它很好地契合了言语的无区别化和被对象化趋势,或者说,由于媒体固有的话语特权和民主体制化特性,使得它既是这种言语堕落的始作俑者,也是引导社会和公众追随效仿的推波助澜者。

各国的语言是不一样的,不过,就便于说明这种言语堕落的情况来讲,中国应该是一个典型的实例。这样讲的理由有二。其一,中国一方面进行了汉字改革,制定了普通话规范,另一方面大力宣扬继承优良文化传统;其二,所有语言都具有指称准确、含义丰富、发声好听等特点,但唯独中国的语言还具有文字优美的特点,即每一个字本身也是一件独立的艺术品。因此,如果在中国也出现了言语堕落,就足以表明民主异化对于精神世界的作用程度或终极性,也就是恶劣地撕去脸面和打碎规范,甚至更觉得过瘾、更有恶作剧的快感。比如,像"屌丝"这样公然的脏话、粗话,男女老少都不觉得难为情。这个话语的精妙之处在于,它虽然无法准确表述指称的内容,但用意却极为形象,也就是艺术性地展现了它在日常话语中的意思,以及这样用语的价值取向。又比如"点赞",它运用网络的无区别特征和手段,把道义为善的"赞扬"对象化为工具性、甚至娱乐性的多数叠加,即一种无意义、广告式、平面化的动作"点"。在这里,民主异化的言语堕落或言语堕落的民主异化是互为表里的,其共同之处在于,它们都极为民主地(无区别化地)抹杀了美丑,也都极为民主地(被对象化地)解构了道义。

言语堕落虽然是一种集体无意识,然而由于各国语言不同,所以把"脸面"作为约束加以破除的最直接体现,就是对本民族语言的不尊重,甚至刻意解构。中国媒体在这方面最明显的做法就是胡乱套用英语的语法和语用。汉语并没有英语那种时态,而是直接用各种名词和实意动词来表示不同的时态,但是,现在却到处都可以看到汉语中英语的"时态"因素和用法。比如,用"有"来表示过去时,用"是有"表示过去完成时(或被动语态),用"是在"表示进行时,用"会"表示将来时,用"将会"表示将来进行时,用"会有"表示将来完成时等。但是,在现代汉语里,所有这些都是语法错误。又比如,汉语没有英语的系动词(be),"是"在汉语中是表示判断、指令、甚至行动的实义动词,而且任何时候两个动词都不能连用。但是,现在随处可以听到"是"和动词的错误连用,比如"那里是在进行比赛"、"他是做了一个惊险动作"、"是属于某个组织"等。还有一个既语法错误又词意重复的动词连用是"说",比如"表示说"、"强调说"、"指出说"、"认为说"、"报道说"、"感到说"、"在于说"、甚至"讲说"。最为奇特的是数词或冠词方面的模仿和乱用,即说话中带着许多"一个",比如"实施了一个救援"、"对此进行一个监督"等。这种"一个"的使用简直说不出来要表示什么意思,因为它们或者是数词的错用,或者明显属于多余,而且汉语的"一个"无论如何也不当冠词用。

由于媒体的示范作用,上述胡乱说法的使用频率极高,已完全成为全社会的言语习惯。胡乱套用英语所显示的是媒体人的特权,即在讲话时随意停顿休息,并且以此来表示与听众或观众距离的贴近,或者一种看似很随意的民主姿态。比如,采访或现场报道往往来不及组织言语,而比正常语速要快很多的节奏也容易疲劳或说话不连贯,所以媒体人就用这些毫无意义的词或发音来做停顿。但是,关键在于媒体话语在主体及其环境上的唯一性,也就是没有人能够对他(或她)加以批评,所以才敢于随意地用"是"、"一个"等词汇胡言乱语。这种情况还有很多不合语法或者与语法和语义都毫无关系的发声,好像是为了发嗲、或者更能够配合肢体及表情上的搔首弄姿。比如,随意休闲地发出"嗯"、"啊"、"哈"、"啦"之类的口头杂碎或语气词,在一句话的开头加上"那"、而在结尾加上"呢"或"了",该发轻音时偏要重读,以及用抿紧嘴角来做微笑状等。

可是,媒体为什么要选择胡乱套用英语语法和语义的方式呢?稍加注意就不难看出,上述言语现象和做法有一个中介,就是对港台媒体语言的模仿。由此,这种现象和做法的堕落特性就十分明显了,而且成了顽固的集体无意识。本来,中国大陆已经有了现代汉语和普通话的规范,并且(尤其是对媒体)要求"端着"说话,也就是发音正确、字正腔圆、抑扬顿挫、感情倾向。显然,这是一种自觉的要求,做起来也比随意说话要累,所以必然为无区别化和被对象化的言语所嫌弃。但是,一来精神方面的民主异化不好明确反对这种规范和导向要求,二来由于语言是长期习惯形成的,难以临时新造并流行通用,所以台、港(尤其是其媒体)的言语就成了一个方便借用的现成品。

什么叫做语言以及言语的规范用法?就是现代汉语改革和普通话。现在经常听到有人很正经地说他(或她)在说"国语",殊不知这恰恰是台湾和香港人不懂得什么叫普通话的一种讹传,因为"国语"指的是"满清官话"(mandarin),与"普通话"的意思完全不同。由于台、港没有经过汉语和文字改革,尤其是没有大陆的一整套言语规范,同时却有海外留学、英语教育、甚至殖民历史等因素的影响,所以不经意地(或者说自然地)形成了那里特有的媒体言语形式和习惯。但是,大陆媒体对此的刻意模仿却是一种自觉的行为,而且由于台、港的语言也是"中国话",所以更适合用作言语堕落的绝妙载体,更便于作为撕毁言语"脸面"以展示民主中性的媒介和形式。换句话说,言语堕落的最主要目的就是反对规范和价值导向,所以大陆媒体才刻意选择台、港媒体言语中语法、语义、语用的错误话语来模仿。这种模仿几近痴迷,公众(以及学术界和官方)的跟风更是趋之若鹜,完全不顾言语的正确与否,好像越是违背普通话和现代汉语的规范就越过瘾,越显得温良恭俭让,甚至越显得民主自由。

这方面的例子实在太多,只要是台、港媒体使用的话语,尤其只要是不符合现代汉语和普通话规范的用法,立马就在大陆风行。随便举些例子吧。"骑"不是多音字,但偏要把"铁骑"读成"铁剂";"说"只有在"游说"中发"睡"的音,偏要在"说服"、"说客"中都读成"睡";"家私"根本就是地方土语,也赶紧搬过来代替"家具"。本来是"对比"、"拼比",可是现在到处都喜欢反过来说"比对"、"比拼",殊不知这个词中的"比"是随着前面的词而具有含义的:在"对比"中表示"比较",而在"拼比"中则表示"比赛"。还有一些干脆就是不懂古今却偏要假装有学问的话语。比如,自以为时髦而有学问地到处使用"诠释",反而把"体现"、"展示"、"反映"、"解释"、"说明"等许多更准确的词舍弃不用,殊不知"诠释"不仅带有考据的含义,而且更是一个很少使用的古时旧词。就连"莫名其妙"、"不可思议"等通俗易懂的话语,也一律换成古时旧词的"匪夷所思"。一旦刻意模仿成了言语堕落的集体无意识,无区别化和被对象化就使得语言表达的正确和准确与否都不重要了,剩下的只是单调和贫乏。比如,"一种"、"一片"、"一派"、"一抹"、"一段"、"一副"等词语都不见了,一律换成"一份";"经过"、"经由"、"穿过"、"通过"、"借助"等词语都不见了,一律换成"透过";"高兴"、"愉悦"、"快乐"、"兴奋"等词语都不见了,一律换成"开心";"很"、"十分"、"非常"、"特别"、"尤其"都不见了,一律换成"好"。但是,根据现代汉语的规范,所有这类替代无论在语义还是语用上都是错误的。其实,如此明知故犯,为的就是要表现精神面貌的温和淑婉、中性柔弱,因此稍带刚性的词汇一概弃之不用。比如,把应该和不应该、能和不能、允许和不允许、行和不行等等意思一律都说成"可以"和"不可以",殊不知严格说来"不可以"这个用法在现代汉语就是一种语义错误,因为"可以"本身就意指具有选择性,所以前面不能再加上"不"字。

言语堕落的软化和中性化特征有些类似肉麻当有趣的太监

腔,为的是把规范当成抱怨的对象,好像在说:"我就做太监了,你能拿我怎么样! 再说,这不过是体制化的结果,所以你们这些没做太监的人甚至是还不如我的伪君子呢!"媒体更是挖空心思,比如天气预报的女播报员竟然总要在地点和时间前面加上"像是"这个莫名其妙的词,结果就出现一串诸如"像是四川、贵州"、"像是明天中午到傍晚"的表述。这种用法不仅在汉语语法上是不允许的,而且还造成了语义的混乱,因为天气预报中的地点和时间都是确定的,不可能用"像"什么来表示,所以"像是"在这里也不可能当作"比如"的意思来用;同样,即使把"像"当作"比如"来用,后面的"是"在整个句子中也不仅是语法错误,而且根本就是多余的。

刻意模仿港台媒体言语中的英语习惯还造成了歧义、甚至与本意相反的语义。比如,新闻媒体已经习惯说某某宣布对某个爆恐事件"负责",好像很客观、很中性。其实,按照中文应该说"做了"或"干的",因为做了这事的恐怖组织或个人根本不对生命财产"负责",更不会对任何救助行为"负责"。中文的"负责"在当动词用的时候需要有宾语,表明"负"什么"责"。由是,中央台"黄金时段"有一个"我们只对优质食品负责"的广告词就把意思全说反了,因为原意应该是负责"提供"优质食品,而现在却意味着该公司对于出现非优质食品就不负责了。不仅中央台和广大观众、听众对此熟视无睹、充耳不闻,而且类似这种胡乱使用英语以及假充文雅时尚的模仿甚至导致完全的胡说八道。比如,把时速多少公里说成多少"迈"已经成了见多不怪的习惯,殊不知"迈"的意思是英里(mile),而一英里差不多等于1.7公里;还有更奇怪的替代就是把公里说成"码",而一码(yard)的长度还不到一米呢!

上述种种言语堕落都是一种自私自恋的变态教养,所以媒体的始作俑和引导固然可恶,但学术界的容忍、甚至模仿和紧追就真的更加可悲了,因为这里的问题并不在于哪种话语的对错准确与否,而是自诩为具有"独立人格"的知识分子也自觉地成了言语堕落的榜样。比如,不说"实践"而说"践行"、不说"前进"而说"前行"、不说"路径"而说"进路"、不说"构架"而说"架构"、不说"通过"而说"透过"、不说"渠道"而说"管道"、不说"人民"而说"百姓"、不说"信息"而说"讯息"、不说"新闻"而说"资讯",不说"民间"而说"草根",等等、等等,不一而足。

同样,尽管公共场合的语义错误也比比皆是,而对于自己语言没有感情以及不顾"脸面"的言语堕落却熟视无睹。比如,一些公共汽车在车门踏板的地方写着"站立禁区",还有更多地方都能看到的"禁止停车、后果自负"警示牌,但这些写法都是错误的,因为它们都把意思弄反了。所谓"禁区",指的是专有或专属区域,比如"军事禁区"、"仓库禁区"(当然习惯上更多用"仓库重地"的写法),表示所指区域只能用于"军事"或"仓储",所以"站立禁区"的意思是这个地方只允许站立而不允许用做他途。至于"禁止停车、后果自负",其语义错误更加明显:不是为停车、而是为禁止停车这个行为及其后果负责。

不过,言语堕落对于媒体也是一种集体无意识。比如,媒体高调宣称要关注民生、贴近民情,于是就用"百姓"或"老百姓"来替代"人民"、"群众"、"民众"、"公众",并已成为越来越常见的一种话语习惯。但是,这种貌似民主的话语不仅是故意放弃词汇的时代感和政治特点,而且恰恰流露出一种不民主的、以及高居人上的优越心理,好像说话者是身份高出"百姓"而又替他们说话的人或救世主。事实上,"百姓"或"老百姓"才真正是

"传统"或"封建"社会的话语概念,用以表示与政府(那时候叫"官府")的区别甚至对立,所以媒体用"百姓"或"老百姓"替代"人民"或"群众",就是一种明知故犯的言语堕落或意识形态恶意。相反,另一个几乎被完全被媒体废弃的话语词汇就是"同志",这种做法固然具有明确的政治倾向,但对于言语堕落来讲,更是已经把这个称谓的含义等同于"同性恋者"了。

言语堕落之所以能够形成集体无意识,主要在于它就是大众媒体的民主特权,叫做公开的随意性以及自私自恋的专制。比如,明明是一些名人政要的见解论述或对重要会议的报道,偏要起个把自己名字放在前面的题目叫做《某某访谈录》、《某某看两会》。又比如,明明是新闻播音员、节目报幕人,现在一律按照娱乐界的说法叫做"主持人",以显示自己的特权和优越感。结果,不仅所有娱乐节目都充斥着男女老少竞相要做主持人、当媒体明星的职业倾向和价值追求,而且只要在媒体露脸的人,不管年纪大小、以及变魔术、开出租等不同职业,一律尊称为"老师",甚至"导师"。这种情况被引以为时尚,随即在社会上传播开来,比如把过去尊称手艺人的"师傅"也改称为"老师",包括美发(过去叫剃头、理发)店给人洗头的青年男女。有一种现象似乎最能体现媒体自私自恋和话语霸权相结合、或者说相合谋的民主异化,就是把本应该告诉听众或观众的消息一律说成"爆料"这种做法下意识地把各种新闻和消息都当成媒体人用来制作节目、甚至娱乐大众的"材料",而不是要传达给大众的真实内容。事实上,当媒体做各种节目的时候,各种话题、事件、以及参与所谓"互动"的听众和观众,真的统统都是"主持人"做游戏的材料。

为了掩饰个人主义的自私又自恋,言语堕落的集体无意识还采取了一种忸怩作态、欲擒故纵的话语。这方面最具特征化的做法是,明明要满足自己的表演欲,甚至透露出一种逼着别人接受的施舍心态,却偏要自作多情(实际上是为了引起注意、抬高自己)地说什么与别人"分享"。这当然是一种本末倒置,因为演员是为观众或听众服务的,而不是让后者来"分享"他们的演出的。这种集体无意识已经成为一种话语分享模式,甚至在一些严肃的学术场合也顽强地流露出来。比如,有的博士生在答辩会上陈述论文的时候竟然说他"带来一份博士论文和大家分享"。我当时就指出,你是来答辩的,我一点儿也不想"分享"你的什么,而且我要审核的是你的那"一篇"论文,而不是来路不明的"一份"什么东西。他听了之后很愕然,说这是大家的"习惯用语",叫做"分享文化",并表示"下次改正"。这个"下次"很快就到了,也就是对考官提问的答辩环节,但没想到的是,他在正式回答问题的时候仍然用"和各位老师分享"来做开场白!看来言语堕落本身真的已经成为一种文化了,难以改正。

言语堕落还可以用来掩饰有些政治或意识形态因素或指向,或者恰恰就是这些因素或指向的集体无意识。比如,在说什么东西为"前"的时候,逻辑上一定是因为有"后"的存在,就像还有南斯拉夫存在的时候可以把分出去的地方叫"前南地区"一样。但是,世界上和历史中明明都只有一个"苏联",却偏偏到处都要说"前苏联",这种明知故犯的言语错误是为了一个隐含着却又不敢说出来的政治和意识形态取向,即欢呼苏联那样的社会制度终于作古了,并希望永远不要再重现!如果不是这样,为什么不直接说今天的俄罗斯是"后俄罗斯"呢?这样的称谓不是更符合历史真实吗?今日中国就有一个既符合事实又显示了民族气质的称谓,叫做"新中国"。然而,刻意模仿台、港话语的人也极少说"新中国",相反却很喜欢用中性的"共和国"来代替。

## 3. 小结

随着现代化竞争程度的加剧激烈和竞争手段的无限发达,精神的主体只有在物质交易的意义上才有价值,而且民主的极限也越来越在于精神价值向着物质利益的还原。于是,民主为精神世界带来的异化特征,就是一切都没有区别、一切也只能被对象化。

由于广而告之作为知识的隔除体现了最为广泛的平等权利,体制化的民主必然会以广告的方式或形态走向异化。广告所具有的流动性、复制性、以及全球范围的覆盖性既是知识和技术双重挤压的结果,同时也使得人们不知不觉地以广告的方式和机制来生活。由此,广告造成了民主及其权利本身的无内容化,而这种情况的精神状态则体现为文化的表面化,也就是对于瞬时性、大众化、以及解构感的追求。

民主对于精神层面或领域的异化具有一种集体无意识的特征,主要体现为人的真实时空的广告化和文化堕落的表面化,包括赤裸裸的拜金主义、性观念和性行为以及性疾病方面的毫无羞耻感、好逸恶劳的明星追求、法制堕落的交易心理等。与此同时,互联网的普遍应用诱使人很愉快地陷入各种作茧自缚的牢笼,人工智能或机器人的运用,更使人变得弱智和懒惰,使属人的文明流于无聊和空虚。

语言是精神最表面、也最根本的载体,但是,民主异化的话语习惯日渐疏离、甚至阻隔了语言与人的内在同一性,从而彻底解构了言语的脸面自尊、伦理规范、民族情感、以及美学特征。与此相一致,媒体的话语特权使得它成为言语堕落的始作俑者和明星示范。中国历来十分珍爱自己的语言,不仅有五千年的文化和语言文字延续,而且新中国成立后又自觉进行了包括语法、语义、拼音、简化字、以及普通话标准及用法等一系列规范的汉语改革,建立了相应的成文法规,因此,在中国出现的言语堕落深刻揭示了语言与物种相分离的异化趋势。

从技术层面讲,网络民主对言语堕落有着直接的作用和影响,包括电子化书写、媒体化导向、大众化参与、随意化发明等,致使语言完全丧失了主体性伦理和特征化形式。在交往领域,"脸书"对文字书写的蚕食排挤、电子媒质对纸质载体的功能替代等趋势,正在彻底拆除支撑言语自尊及个性的物质基础。因此,如果从事物走向反面的一般规律来讲,人本来就是有能力自觉将自己与地球分开,并在改变地球的过程中完成自己向着溃灭转变的生物,那么,民主异化与言语堕落的互为表里也许正预示着这个转变的加速生成。

# 结论　一种改变的可能

我在前文已经向读者描述了一幅相当不妙且极具讽刺的世间民主图景。民主实质上是一种道义伪善、自欺欺人的政治制度,而就政治活动的特性而言,民主也是一个悖论。民主的三个承载机制,都与民主并无内在关联,甚至与民主相互矛盾。从民主的实施效果来看,民主是一种政治异化,它最终带来了人类文明以及人的全面异化。

如何改变这一境况呢?我在此提出一个可能的选择方向:超越民主。从肯定的方面讲,这需要寻求一种"新的"民主;从否定的方面讲,就是如何摒弃这些假模假式的程序而直接给出合乎道德的决断,包括承认一种新的政治和文明形态,而不是固守于不可能真正实现的民主。

但是,作为改变的可能,"超越"在此更多是观念上的思考,能否设计并实施有效的操作,依旧悬而未定。因此谈论超越民主的实际意义更多在于使人自觉开拓思路,对现状有清醒的认识。

# 第八章　超越民主

由于本书的看法、分析、观点或结论与现行的理解不同,因此,即使耐心读完了上述全部文字,也未必有多少读者同意我的看法。不赞同是很可以理解的,因为影响、甚至主导判断某种观点的因素很多,包括教育结构(尤其是正规的高等教育)、认知惯性、情感认同、意识形态、甚至各种可能的外在压力。但是,方方面面所表示的民主弊端,或者说有关民主的矛盾的确已是显在的事实,所以有意义的事情并不在于是否同意上述问题的分析和结论,而是针对这些问题能够有什么解决办法,或者至少是指出可能的选择方向。这个方向,就是超越民主,也就是对于民主迷信的破除。

通过上述各章的讨论已经看到,首先,民主是一个历史范畴,但它并不是必然要产生的;其次,今天的政治和文明情况已经使民主成为多余的赘物;再次,越来越多的坏事可以顶着民主的招牌来实行。但是,"超越"也不就是彻底抛弃民主,而且从事物的延续性来讲这样也做不到,因此就只能保留好的因素并使它们适应新的情况,同时寻求新的政治文明方式。超越民主大体上就是在这种否定意义上讲的,即是说,不管民主一开始就是为资本主义私有制服务的,还是它曾经是一种建设性的政治文明,总之,它已经过时了和不可能再起什么好作用了。

从最好的情况来看,民主也做不到什么人民当家作主,无非就是要求万事能够商量商量罢了。因此,一方面反对皇帝、寡头、集权、以及美国的两党独裁等,所以就要争取多数;另一方面反对哈耶克等所谓的大众民主,所以又要随意或保护少数。于是,几乎全世界都说要不断完善民主、坚持原则,并假装能够商量出个什么公意,以便大家根据这个公意来谋求自己的利益。然而真实的情况是,所有这些真真假假的说法和做法都没有、也不可能实现。

如果存在什么公意,那它就是不需要商量的,因为它不过就是"己所不欲、勿施于人"这个道理。如果按照这个公意,大家就文质彬彬、而后君子,根本用不着什么民主。因此,真正的民主应该是自我改造,而这就是超越,是新的政治以及新的文明形态。超越就是己所不欲、勿施于人这个乌托邦向着我为人人、人人为我这个境界的实践,是新人的自觉,所以也是现世真实的好的人和好的事情。但是,超越民主的最大困难是邻居不干,也就是俗话说的,学坏容易学好难,教育对此也无能为力。相反,坏的人和坏的事情往往假借民主之名,甚至就是民主本身做出来的。即使从最好的意义上讲,假如民主、法制、以及现代化等等今天认为好的东西都实现了,都不需要了,那么今天的民主就更加成了一个虚假的招牌,扔掉算了。由于民主实现的不可能、以及民主与政治特性的相悖,所以应该超越民主;由于假借民主或民主自己在干坏事,所以必须超越民主。

然而,作为改变的可能,超越民主差不多也只是一种愿望,至少由于言语的局限和词汇的惯性,很难说今后用什么概念或术语来替代"民主",所以这一章要说的只是有关这种超越民主的可能及原则。从政治的特性和人的解放来讲,这种可能及原则就在于如何摆脱既有民主那种假装的或人头数量的多数,如何形成道理和感情的导向,以及如何制止人的全面异化,培养每个人自觉改造的习惯。对此,现在能够、当然也必须讨论的有三个问题,首先主要是从理论上认识超越所面对的新的困难,其次是改变以各种交易标准来理解和实施民主的习惯,第三是从时空范围和内容针对来讨论超越民主的实践可能。

## 1. 新的困难

对于超越民主以后将是个什么样子,现在不是不能设想,但有把握的设计仍是很难说的。换句话说,对于如何消除民主的坏处,进而使得民主全都是好处(如果可能的话)来讲,我没有所谓建设性意见,所以就叫做"超越"。超越不是"越过",也不是比原先的或既定的状态更"高级",而是一种新的状态,指某种局限"之外"。理解这一点,是超越民主、至少是实施这种超越的必须前提。

然而正是在这里,我们又一次遇到了新的困难,也就是"超越"本身的困难,而且这种困难既是政治哲学或逻辑意义上的,也是客观存在的事实。

首先,撇开"民"的界定、以及如何让"民"自己"做主"这些麻烦和困扰不谈,民主其实和"民"并无什么关系,不管这个"民"是指人民、公民、还是大众、老百姓。仔细想想,不管多么精妙细致或公允繁复,所有关于民主的理论都不及一个简单的事实更能清楚明白地说明民主的真实和状况,就是说,现在所谓的民主不过就是指在解决问题的时候不要使用武力(或具有相等效用的压制力)来强迫某一方,而是采取各方和平(是否平等并不必要)协商的方式。不仅全世界的治理、国际间的关系是如此,所有制度的设计安置、政策的制定实施、以及各种组织、群体和个人之间的事务处理无一不是如此,至于这些方式或做法到底产生了什么结果(其实这也就是民主的内容)、尤其这些结果是否体现了诸如人权、平等、自由等主要的民主价值则几乎都是无所谓的,事实上也是无从保证的。在这个意义上讲,民主几乎成了一种文明的扯皮,所以新的困难并不在于如何确定民主的"民",而是判定要超越这种文明呢、还是仅仅超越扯皮。

其次,不管从政治制度还是价值理念来讲,民主本身都不具有普适性。既然民主不过就是以和平的方式协商、讨论、投票、行动,那么从世界的角度讲,只要国家仍是最基本的共同体,民主的底线就是每个国家都尊重其他国家对于自己事物的处理,包括制度选择、政策制定等。可是这样一来,民主的标准就缺失了真实性。这倒不是说各国可以自己订一个民主的概念含义和实行标准,而是说不管哪一种含义和标准都是毫无意义的——除了引起歧义、偏见、以及各种不民主做法的借口。比如,既然一些西方国家、尤其是美国总认为中国不那么民主,那么中国是否应该干脆没必要跟着讲什么民主,也就是既不纠结民主的普适性价值,也不去辩解哪种民主更对、更好,直接去做自己的事就是了。事实上,历来不同国家对于民主就是这样各行其是的,所以全球认同的超越民主将是极为困难的,换句话说,新的困难就在于对一个没有普适性的东西去搞超越很可能等于无的放矢。

第三,无论是否同意马克思主义对于民主的理解,作为历史范畴,民主的消亡都是可以想象的,就像国家、阶级等基本政治现象或实体都会消亡一样。问题在于，与其他已经消亡，以及能够想象还会消亡的东西不同，民主的消亡是由民主的彻底或真正"实现"来达到的，或者说民主的"实现"和"消亡"是同一个意思。既然如此，还有什么必要去建造这个已知不可能的民主巴别塔呢？不仅如此，真正的问题还在于，共产主义对于民主的这种理解和指望应是一种理想，或者乌托邦，现在的情况却是民主在等不到这种美好的消亡时候就已经变坏了，因此连同美好理想的实现也变得遥不可及、甚至失去可能了。这种境况无疑是政治哲学或逻辑以及现实的双重悲哀，于是超越民主的新困难也就在于缺乏得以超越的真实时空。

第四，虽然从认识的角度讲，超越民主是一个理论问题，但更困难的还在于是否愿意去做相应的实践选择。比如，罗尔斯对于社会正义的关注使得学术界把他作为新自由主义的代表，这种情况在学理上是否准确并不重要，关键是它透露出政治哲学对于摆脱基于个人主义的民主困境的努力。于是，到了20世纪90年代，社群主义又开始了对于新自由主义的批判，主要理由是在强调公共利益大于个人利益的同时，主张把公共利益的实现作为实现个人利益的前提和保障。显然，这种看法的真实困难是实践层面的。早在《共产党宣言》就指出，理想的大同社会在政治上应该是人民的自我管理，而这也是马克思和恩格斯肯定并赞扬巴黎公社的主要根据和内容之一。如果从名称来看，社群主义（Communitarianism）和共产主义（Communism）的确有着词源的一致性，但显著的区别仍然在于，相比共产主义的集体主义来讲，社群主义念念不忘为个人（arian）保留着基础性的位置。换句话说，不管社群有多好，个人总是自立的，不能和社群等同或混同，更不能为社群所替代或融化，这就有点儿像古代基督教神学中的阿里乌主义（Arianism）似的，认为圣子不是上帝，而是他的受造物。因此，不管是个人主义的还是集体主义的民主，"超越"所针对的是这两者是否愿意、以及如何操作落实政治哲学的应然道义，也就是说，新的困难在于到底是个体的道德修养（成圣）更重要，还是社会的利益公平（契约）更重要。

## 2. 权利和义务的互为包涵

如果把上述四点新困难归结为一句话，就是有没有勇气为了合乎道义的目的而放弃不正当的手段，从而为各种乌托邦争取具体的实现时空。民主作为手段已经是常识，但更多的实际情况偏偏是把民主作为目的来追求。同样，几乎和常识一样的经验早已表明，无论叫做自由、平等还是人权、富裕，总之人所愿望和追求的理想或幸福社会应该、也必须是公正和谐的。因此，民主的真正目的就是社会的公正和谐——当然，是富裕而不是贫穷水平上的公正和谐。事实上，当今世界的财富产出、或者说财富"泉涌"的能力、水平和状态，都远远超出了马克思和恩格斯当时能够想象的程度，反倒是由于民主（或者说民主的异化）这个世界才不公正和谐、才有饥饿贫困和战乱流离。因此，如果说超越民主的前提在于认识上的改变，那么这种改变其实就是如何抛弃民主作为目的的假象或故意。

民主要使每个人都同时接受相同的规范和约束，所以就要有一个值得的交换，叫做权利和义务的对等，即一分权利一分义务。因此，超越民主如果可能，就必须改变以各种交易标准来理解和实施民主的习惯，至少从制度和法律的层面上讲，就是不再坚持现在这种用权利和义务做交易的民主形式,尤其不应认为存在一个规范的民主制度标准。这样,人民的自我统治(主权、自由、管理等)就必须在三个主要的或基本的方面改变现有民主这种权利和义务的分离和对等。第一,各种(尤其是政治)制度都不以权利和义务等任何方面的交易为前提或原则;第二,各级官员和各种领导在性质上既不是"代理人"或"代表",也不是"公仆",而是职业;第三,所有人都要作为负责任的主体来共同办好公共事务,从而真正实现以人为本的理念和要求,而不仅仅是消极地或被动地理解和要求政府为人民服务。我十分明白,这些要求仍然不过是观念的变化,具体的做法仍然很难设计,所以这里仅限于指出,不管能否做到这三个转变,它们在理论和实践上的根据(或者说可理解性)都是权利和义务的互为包涵,因为只有这样,对民主的超越、包括具体做法的选择才可能是公正与和谐的。

事实上,各种制度和法律总是要对其所说的内容方面做权利和义务的规定,而且几乎所有的法学理论也都是围绕着权利和义务的区分、界定及其相互关系来展开的。因此,权利与义务的关系就是和谐社会公正与否的主要的制度和法律体现领域,或者说,就是法律政治对社会和谐的主要作用或运作界面。无论法学还是政治学,历来都把权利和义务看成一种对称关系,但是无论从历史还是现实来讲,权利和义务本来就只有在互为包涵的意义上才具有成立的合理性,只是学术界对此缺乏自觉认识,而制度层面的实践又有意无意地回避这个问题。同样,提出并指出权利与义务互为包涵的意义,主要在于使和谐不再成为对象性的状态,而从法律政治来讲,和谐就是政治文明的法制形态。因此,从理论上讲,超越民主的根据在于权利和义务是互为包涵的、而不是相互对称的;从实践上讲,就是把这种包涵关系外化为和谐社会的法律政治,或者说,既作为和谐社会的保证,也是它的构成内容。

权利和义务的互为包涵关系为超越民主本身的秩序和合理性提供依据,所以民主的超越形态就应该既不是唯一的,也不是非民主即专制这两者选一的,而是有着多重选择的可能。比如,当我们把权利和义务的互为包涵作为一种文化来接受时,它就可能在行为准则和价值取向的意义上成为一种文化德行,从而以习惯的方式构成公共的制度规范。换句话说,超越了民主的和谐社会不仅仍然可以是一个法制社会,而且还必须是一个文化德行的社会;相反,如果从交易、即对称的角度来讲权利和义务,那么根本就与是否是法制或文化德行的社会无关。事实上,不仅经验表明权利和义务无法作对等量化,即使从性质上讲"一份权利一份义务"的对称,这两者也不总是同时出现。

因此,只有权利和义务的互为包涵关系才是和谐的,而且两者的互为包涵也不必须共用同一个时空。比如,当为了某种理念或主张而奉献(即使是有回报的一般行为)时,权利和义务都是在互为包涵中被创造出来的,这种奉献和回报既可以在同一个地方进行,也可以出现在任何地方,而互为包涵既可以是同时产生的(在逻辑上更是如此),也可能由于各种原因(比如认识或理解)而有着时间上的先后。在这里,权利和义务互为包涵的公正性由个人推及至社会的道理是不难理解的,因为它差不多就是"我为人人、人人为我"的意思。与此相反,由于所谓理性的交易,资产阶级发明的民主恰恰是把这句话倒过来讲的,叫做"人人为我、我为人人"。

即使从一般意义上讲权利和义务的统一,这种统一之所以被当成具有公正性的善,也是因为它提供了每个人可以对增进自身利益而负有的责任(在此意义上讲,私有制不过是在保护这种责任),所以社会性的公正其实是针对每个人的责任而言的,权利和义务的互为包涵不过是责任得以落实的必须要求(只有在这个意义上才可以说,真正的公有就是、或者说才能实现真实的个人所有)。这种公正性对于社会和谐的意义在于,如果文化德行作为某种和谐因素是真实有效的,那不过是主张由自我负责推及互为负责的一种自觉性,而法律政治也只能依此道理来为和谐社会提供公正性。相反,如果只讲权利和义务的对等或对称,那么分散到众多行为主体身上的责任之间就会缺乏协调,甚至具体的责任也会因为私利而破坏整体责任的公正性。

由上可以看出,超越了民主的社会公正性与和谐性并不仅在于提供一种权利和义务互为包涵的法律政治,更在于用这种互为包涵关系的真实建立来协调各种(主要是经济和政治)关系。比如,从政党政治来讲,这种协调所要达到的是人与国家的和谐;从法律政治讲,是要达到人与人的和谐,或者说人自身对秩序的自由;从社会政治来讲,则是人与社会的和谐,或者说对异化的否定;等等。在此意义上讲,超越民主的公正性与和谐性并不是由法律来体现的,而是由消除对象性分离本身来构成的。马克思和恩格斯在《犹太人问题》、《黑格尔法哲学批判》、《德意志意识形态》一直到《哥达纲领批判》等著作中,一再批判过这种对象性分离,包括人与自由、人与人权、人与民主、人与法律等各种分离。从最终意义上讲,对象性分离的消除就是人的自由实现,然而这种状态的达到只能是不断的创制,而最根本、也是最终的创制只能是人自身的创制,即新人的生成。

就中国的改革开放来讲,一些误解的产生就是由于没有认识到权利和义务的互为包涵。比如,一方面把经济当成了权利,于是就认为既然经济改革了(实施了市场经济),政治就应该有相应的义务去改革,以保证经济(权利)和政治(义务)这两者的同步或对称;另一方面,无论在政治还是经济领域,各利益主体实际上是把改革作为服务于自己权利增长的义务。当然,这两方面的看法本身并非没有根据,但是,对象性分离使其忽视了权利和义务得以相关(不管是包涵还是对称)的维系,而这个维系就是中国在民主政治和市场经济两方面新的创制。因此,民主政治和市场经济在中国不仅不同于它们在西方含义,而且权利和义务之间的互为包涵关系使得改革可以根据实际情况采取多种不同的形式。比如,以经济建设为中心的提法本身就是一个政治概念,以此才可能去实施社会主义市场经济;而在这个意义上讲,权利和义务的互为包涵体现为改革开放在形式上的政治经济化特点,即一方面为社会主义市场经济提供合法性,另一方面则为社会发展提供稳定机制。①

## 3. 时空范围和内容针对

看起来,"超越"是一个常用的词汇,但它的真实含义到底是什么却很难说明白,尤其对于"超越"以后的状况是个什么样子就更没有把握了。不过有一点是清楚的,即是说,既然不想维

---

① 这方面较为详细具体的论述可参见孙津:《中国改革中的政治经济化》,载《经济社会体制比较》,2002年第五期;《打开视域——比较现代化研究》,社会科学文献出版社2004年版,第一部分。

持原状,那么无论从利害关系还是道德取向来讲,"超越"都意味向着比原来的、既定的、或现有的状况更好、更高级、或者更明智的状况去做什么的一种努力。如此说来,超越的对象性就不是指向将来、而是针对过去(或当下的)。因此,真实的超越可以有很多种可能和方式,包括否定性的设计。比如,跳高是一种超越,但干脆不跳也是一种超越,而且是一种干净利落废止了这种游戏的终极超越。因此,超越至少包括两个层面,一个是时空范围,一个是内容针对。

所谓时空范围,就是国家与世界的关系。无论从历史演变还是现实运作来讲,民主都不仅仅是某一国家的事情,也不是国际间的事情,而是全世界的整体状况。对于这一点,早在一百年前的霍布豪斯就看到了,所以他说,"民主主义者不能是一个单单为自己国家着想的民主主义者",因为"民主主义的事业是与国际主义的事业息息相通的"。① 问题在于,尽管当今世界已经高度全球化了,但真正的价值观仍然是以国家和民族为基础的,甚至就只限于国家和民族利益的范畴。事实上,造成这种矛盾的恰恰就是民主:一方面,民主导致了殖民体系的崩溃,而且使主权概念成为全世界的普适价值;另一方面,民主也导致不同主权国家处于巨大的贫富序列中,而且使很多追赶中国家的动乱成为民主的常态。

可以看出,时空范围上的超越民主是针对邻居而言的,即只要有邻居不同意,超越就难以实现,因为一国看见别国比自己更发达的时候总是担心自己会受欺负。因此,超越民主的主张如果能够得到支持,那么它的针对并不在于某一国或几国的努力,

---

① 〔英〕伦纳德·特里劳尼·霍布豪斯:《自由主义》,朱曾汶译,商务印书馆2009年版,第119—120页。

也不在于联合国的一致决议,而在于拆除那些能够由于邻居状况不同而引出异议的根据。但是,正因为全球认同意义上的超越民主尚距遥远,所以从承认前述所谓对民主"各行其是"的政治权利做起,才是应该的和比较明智的,至少是开创新的政治和文明形态的前提。

现在来说内容针对。美国政治学家罗伯特·达尔有个说法,叫做理想的民主和现实的民主。这种区别是有的,但是达尔的理解不对,因为他没看到这恰恰是民主的内在矛盾,也即前面说的民主政治的悖论。其实,任何东西都可能有其理想目标和现实情况的区分,但达尔的区分是在为现实的民主制度辩护。按照他的理解,民主的理想是好的,包括性质上的人民主权、权利和形式上的人民统治、自治,或者说,由人民自己当家做主,但是,这些理想的形态及其价值都需要经过具体的实践来逐步实现。从19世纪初开始,今天的民主制度已经200多年了,尽管仍有不尽人意的地方,但毕竟取得了很大成绩,并且还在不断地完善。因此,不能用理想的民主来评判现实的民主,即使要讨论,也应该是理想对理想、现实对现实,就是说,或者是对不同的民主理想进行比较、或者是对现实中不同的民主制度进行比较。有的学者认为达尔对于两种民主的区分是"民主认识方法论的重大创新",[1]而在我看来,达尔的这种区分完全不是什么创新,相反,他如果不是在重复经验都知道的常识,就是别有用心。很显然,这样就可以在内容针对上维护现实的(其实就是西方的)民主,不仅刻意回避理想问题,同时也可以"现实对现实地"批评别的(其实就是非西方的)民主。换句话说,达尔的意思就是

---

[1] 《当代世界与社会主义》2009年第6期,119页。

要表明,西方的民主已经很好了,尽管还可以更好——而且西方也正在为这种更好努力,但真正的问题在于非西方国家还没达到西方的民主程度,所以它们首先应该向西方的民主学习和仿效,而不是批评西方。

同样不难看出,就其现实性来讲,民主超越的内容对象取决于超越目标的选择,如果用一句简括的话来说,就是能否认同并实施现实的或具体的乌托邦。这个说法的道理在于,如果超越民主作为一种善行,它的具体含义(也即内容对象)是人在实践中依据具体目的的实现来调整的,由此,乌托邦才不仅作为一种规范对人的理想具有意义,而且它们作为原因和结果才可能都是现实的和具体的。这其实是一种人类学意义上的民主超越,就像弗洛姆在评价恩斯特·布洛赫(Ernst Bloch)"具体的乌托邦"这个观点时所说的,"当乌托邦被称为人的特征,当人被表明是来自自然的乌托邦生物,而对人来说,预先推定就是我们的力量以及诸如此类的命运时,这就导致把乌托邦提高为人类学的基本原理"。①

显然,"时空范围"和"内容针对"是互为表里的,而且它们的现实性与前述"新的困难"的情况又是互为因果的,所以超越民主本身就是一种理想,一种"预先推定",而不是民主与非民主、理想的民主与现实的民主的区别。事实上,理想和现实的区别是任何时候都存在的,但对于所在的区别到底是什么却不一定有一致的看法。在这方面,邓小平的智慧也许可以看作实践"超越"的一个例子,即他在1992年南方讲话中所说,他自己的一大发明就是"不争论"。按理说,共产党不仅不应该隐瞒自己

---

① 埃利希·弗洛姆:《寄希望于"具体的乌托邦"》,燕宏远译,载《哲学译丛》1985年第6期。

的观点,而且毛主席说共产党最讲认真、最坚持实事求是,怎么能够不争论呢？因此,这里的关键只能在于争论的内容是"什么"。这个"什么"就是资本主义还是社会主义,但是,如果这两个主义的真实含义和现实境况都已经、正在、以及仍将发生变化,所争论的"要"哪一个主义还有什么意义呢？因此,不争论不是放弃,也不是不讲原则,而是另一个明确的针对,叫做先干起来再说,所以这也就是当时的实事求是。只要坚持自觉性,总是可以随着对变化了的情况的认识,在适当的时候为这个"干起来"的东西命名的。后来,这个东西果真有了一个命名,就是"中国特色社会主义"。

因此,超越民主在实践上的一种可能选择、当然也是实施这种超越的一大真实作用,就是不再受民主的局限,破除对民主的迷信。其实,这种情况已经在理论认识的层面上出现了,尽管各种观点和著述并没有明确提出"超越民主"的说法,但却从不同角度、并在不同程度上表明了超越民主的理论意义和现实可能。对此,大致可分为三种情况。

一种是不自觉地谋求超越,所以由于仍囿于现行的(西方的)民主思维而遭受挫则。比如,对于所谓"中等收入陷阱",也就是一个国家达到中等收入水平之后能否继续实现向发达水平跨越的问题,有学者以南美国家为例分析了其中的深层原因。分析认为,南美没能顺利实现跨越、甚至遇到所谓现代化中断的最主要原因,在于迎合大众情感和要求的民粹主义,结果导致福利追赶、财政赤字、债务危机、增长停滞等一系列不良后果。[①]

---

① 参见张晓晶:《拉美陷入中等收入陷阱的深层原因》,载《北京日报》,2015年12月28日,第18版,理论周刊。

民粹主义当然不是民主,但就"中等收入陷阱"这个问题来讲,却是在现代化追赶中以西方民主为标准而出现的后果。因此,与西方(主要是美国)以推布民主为由干涉巴尔干、北非、以及中东等地方的做法不同,这种民粹主义是非西方国家自觉地上了西方民主的当。不仅中等收入陷阱,几乎各种遵循西方民主但又搞不成功的情况都被说成是民粹主义,比如,很多舆论和文章都认为,香港那些反对特区行政长官普选的人、及其相应的抗议行为其实都不是民主,而是在搞民粹主义。又比如,郑永年也撰文指出,在民主政治与社会冲突的关系中,今天的民主已经"沦落为民粹主义政治"。① 甚至对于希腊的债务危机公投,由于将欧盟代表民主,所以反对欧盟建议的做法也被看作是民粹主义,比如德新社布鲁塞尔 2015 年 7 月 6 日有一篇报道,题目就是《希腊说"不"是对欧洲民粹主义的肯定》。不难看出,这些批评的共同标准仍然是西方民主,也就是用西方民主的理念来批评它的民主现实,所以也就没能认识到,民粹其实一直就是民主异化的补充形式。由此,越是重大的全民公投(比如英国的"脱欧"公投)就越可能是民主本身的滑稽闹剧,甚至已沦为民主专制机器为人设计的弱智游戏。

另一种情况是认识到不同民主的区别,但仍然不愿意否定现行的(西方的)民主,所以最终还是把它作为标准或参照,在本应该做出超越民主这个结论的时候模糊、甚至迷失了论证的方向。比如,越来越多的文章认为中国的民主具有自己的特色,成绩也很突出,但偏偏在指出这些特色、成绩、尤其是需要继续改进的时候,又把西方的做法拿来作为方向。政治学家杨光斌

---

① 该文章见《参考消息》,2014 年 5 月 6 日第 10 版。

近年来提出了一些观点,说中国民主自改革开放以来发生了"巨变",主要包括"民主观念的成熟化"和"民主形式的多样化",同时也显示出今后应该的"走向",就是"民主很重要,治理更重要"。杨光斌一直重视治理,认为应该用"国家治理"这个理念和做法来"引领时代的话语权"。显然,即使不去讨论治理重要与否,单就"治理"这个理念来讲就是西方的发明,而且是沿着民主的传统或思路提出来的。因此,尽管杨光斌明确指出"中国的思想界亟需新概念、新范畴和新表述",但西方这个参照始终显得在拖后腿,致使无法说清楚中国现在实施的是另一种新的民主、还是超越了民主的另一种新政治。①

还有一种情况是明确认为中国的某些制度性做法很好,也很有成效,但既不认为这些做法就是民主,也没指出它们是否是一种新的民主。比如,贝淡宁的《中国模式:精英政治体制与民主的局限》由于观点鲜明,而且很适合西方对中国的理解和认识,所以被英国《金融时报》评为2015年的最佳图书,并名列政治类的第一。但是,他不仅没有明确把中国的做法看作一种新的民主,而且对于他所说的中国精英统治是否优于西方民主这个问题,也是从各自的情况来做相对的回答的。针对于此,日本外交学者网站2015年10月31日有一篇评论这种情况的文章,标题就直接叫做《中国的精英统治对决西方民主》。文章谈到,贝淡宁在一般意义上可以认为"中国的政治体制或许是当今世界最有竞争力的体制",但又坚持认为这种垂直的精英政治只适合中国、尤其是高层的情况,基层民主还是很欠缺的。事实

---

① 杨光斌:《中国民主的巨变与走向》、《用"国家治理"引领时代的话语权》、《不做"合法性"概念的囚徒》,分别载于《北京日报》2015年4月13日第18版、2014年8月4日第17版、2015年11月23日第19版的理论周刊。

上,类似的看问题角度很普遍,包括把"中国模式"当成"集权资本主义",而不是什么新的民主。

上述几种情况虽然看问题的立论角度和关注侧重不同,但都处处离不开西方参照,所以一方面看不到超越民主的可能,另一方面恰恰都表明超越民主这个问题是现实的,关键是如何自觉认识这种超越。然而也正因为如此,他们也都没有、或不愿意去想一个问题,即超越了民主的政治很可能已经不再是民主或民主政治了,所以是否还需要有什么新的民主也不再是必须的问题了,至少在逻辑上是如此。在这个意义上讲,前述不做任何交易、既不要代理或代表也不要"公仆",以及所有人共同办好公共事务等做法,就是超越民主的时空范围和内容针对。与此相比较,各级官员的任职是采取选举、任命、考试、还是有意识和制度化培养不仅并不重要,而且很可能正是超越民主的具体方式。

但是,超越民主并不等于和民主对着干,更不是实行独裁或专制,而是要破除对民主的迷信,所以首先、或至少有必要在话语上慎用或不用"民主",因为它已经成为政治等各领域或方面藏污纳垢的最大空间。在此意义上讲,今后(或者说超越之后)会对现在叫做民主的那些东西起个什么名字,以及做什么解释并不是一个真实的问题,只要是什么说什么,或者就事论事即可。因此,超越民主既不是乐观主义或理想主义,也不是悲观主义或虚无主义,而是自觉的清醒。我们不可能知道将来一定会怎样,但是,根据过去和现在情况我们至少能够大致确定将来有哪些情况不会怎样,因此,在分析了超越民主的根据和需要的基础上,我们所能够确定的,就是民主已经走向反面,是时候对其进行认真的批判了。

## 4. 总结

从民主自身的弊端、民主与其载体的矛盾、民主带来的全面异化等情况来看,想要自救的人类只有一个可能的选择方向,就是超越民主,也就是在民主的局限之外另寻出路,开拓一种新的政治和文明形态。但是,历史的惯性以及种种困难也表明,超越民主更多还是一种观念认识的问题,或者说,真实的实践即使可行,也要以认识到超越民主的必要性和意义为前提。

至少从理论上讲,认识超越民主需要面对许多新的困难,包括注重手段的作用而使目的丢失,发展的不平衡以及各自的政治理念和习惯使得意愿和行动难以一致,民主实现与民主消亡共存的困境,超越了民主的政治是否需要以及如何重新安置民主等。所有这些归结为一点,就是如何在民主的局限之外实现个人利益与社会公正的统一。

从实践上讲,超越民主必须改变既有的做法,而首要改变的就是以各种交易标准来理解和实施民主的习惯。这种改变要求把超越民主的目的定为实现高度富裕社会的公正与和谐,其具体做法的选择在理论和实践上的根据(或者说可理解性)都是权利和义务的互为包涵。超越民主的可能实践具有相应的时空范围和内容针对,所以需要承认对民主各行其是的政治权利,并在此前提下寻求所有人都作为负责任的主体来共同做好公共事务的各种方式。

图书在版编目(CIP)数据

超越民主/孙津著.
--上海:华东师范大学出版社,2017.1
ISBN 978-7-5675-5968-4

Ⅰ.①超… Ⅱ.①孙… Ⅲ.①民主—研究—西方国家
Ⅳ.①D082

中国版本图书馆 CIP 数据核字(2016)第 311532 号

华东师范大学出版社六点分社
企划人 倪为国

本书著作权、版式和装帧设计受世界版权公约和中华人民共和国著作权法保护

# 超越民主

著　者　孙　津
责任编辑　陈哲泓
封面设计　何　旸

出版发行　华东师范大学出版社
社　　址　上海市中山北路 3663 号　邮编　200062
网　　址　www.ecnupress.com.cn
电　　话　021-60821666　行政传真　021-62572105
客服电话　021-62865537　门市(邮购)电话　021-62869887
地　　址　上海市中山北路 3663 号华东师范大学校内先锋路口
网　　店　http://hdsdcbs.tmall.com

印刷者　上海盛隆印务有限公司
开　　本　890×1240　1/32
印　　张　8.125
字　　数　153 千字
版　　次　2017 年 1 月第 1 版
印　　次　2017 年 1 月第 1 次
书　　号　ISBN 978-7-5675-5968-4/D·208
定　　价　36.00 元

出版人　王　焰

(如发现本版图书有印订质量问题,请寄回本社客服中心调换或电话 021-62865537 联系)